U0011277

# 茂呂美耶的歷史手帳

十八個你一定要認識的日本人物

MIYA
茂呂美耶 著

新版作者序——

# 珍惜每次的再見

近年來，全球各地頻繁出現極端天氣現象，幾乎每一年都會發生熱浪、颶風、暴雨、洪災、野火、冰雹、龍捲風等自然災害事件，造成不少國家嚴重的人員死傷、環境破壞和經濟損失。

二〇二三年的今年，雖然年度還未完全結束，全球各地便已經出現了許多毀滅性的極端天氣事件。例如一月，美國本土各州平均氣溫為華氏三十五．二度（攝氏一．七度），據說是有紀錄以來第六暖和的冬天。光是加州，就在同一個月，同時遭受了乾旱和洪水的摧殘，導致斷電影響了十萬人的生活。三月，特強熱帶氣旋弗雷迪（Freddy），在同一個月內兩度登陸非洲南部，其摧毀性的風力所帶來的滂沱大雨及洪災，讓不少非洲國家遭受到嚴重破壞，不僅大量房屋隨洪水流失，死亡人數更多達一千四百人以上，失蹤人數為五百多人。

七月，美國華盛頓州的失控野火，越過邊境，燒到加拿大奧索尤斯鎮。美國這方的受災面積約為兩千公頃，加拿大那方則為兩百公頃。而今年光是野火事件，加拿大便已經燒毀了約一千兩百萬公頃林地，面積比南韓國土還大。真是令人咋舌！

南韓的中部地區，也在七月因連續多天暴雨，導致上千處設施受損，農作物受災面積達將近兩萬七千公頃，受災耕地面積達一百八十公頃以上。印度北部喜馬拉雅山區，更因受到季風過境影響，連日暴雨，引發了大規模土石流和山洪爆發，導致低窪地區遭受洪災，數百棟房屋倒塌，數萬居民被迫撤離，逾百人死亡，災情慘重。

最令人震驚的，應該是八月的美國夏威夷州第二大島茂宜島的山火災情。那些映在電視或電腦螢幕中，被大火燒焦的住宅房屋和車輛畫面，以及必須仰賴尋屍犬辨識罹難者遺體的現實，著實令人看得心驚膽跳。坦白說，我第一次知道原來還有尋屍犬這種工作犬。而希臘的森林火災，也成為有紀錄以來歐盟規模最大的野火事件。

此外，根據歐盟氣候監測機構「哥白尼氣候變化服務」（Copernicus Climate Change Service，C3S）的說法，過去二〇一五年至二〇二二年這八年，是有紀錄以來全球最熱的八年；二〇二三年七月的全球平均氣溫，更是有紀錄以來最高的月份。目前為止，二〇一六年是有紀錄以來最熱的一年，那時正好是強聖嬰（El Nino）現象發生的年份。二〇一五年和二〇二二年，則並列為有紀錄以來第五個最熱的年份。

世界氣象組織（WMO）指出，美國亞利桑那州首府鳳凰城七月份的平均氣溫，為攝氏三十九．三度，是有紀錄以來最熱的月份；西班牙加泰隆尼亞的費格拉斯（Figueres），和中國新疆維吾爾自治區的吐魯番市，則於七月十八日，分別創下有紀錄以來最高氣溫的攝氏四十五．四度和五十二．二度。

因此，聯合國祕書長古特雷斯（António Guterres）形容，目前是「全球沸騰的時代（*the era of global boiling*）」。看來，地球確實已經從全球暖化時代，邁入了全球沸騰時代。全球沸騰導致的極端天氣已經常態化了，未來，這些因極端天氣所引發的災害，恐怕只會有增無減。

日本當然也難逃這場全球沸騰的劫難。尤其是今年，感覺特別熱。市政府每天都會播放防中暑警報，我也每天都會收到市政府寄來的「猛暑日」警報信。信中奉勸市民沒事最好不要出門，要經常補給水分和鹽分，而且還叮嚀，在室外的話不要戴口罩，在室內則要記得開冷氣等。

在日本，氣溫超過攝氏三十度的日子，稱為「真夏日」，三十五度以上則稱為「猛暑日」。據說，七月的日本全國平均氣溫，是一百二十五年有紀錄以來的最高溫。就連北海道札幌市，也在八月出現了攝氏三十六・二度的紀錄，北見市更創下攝氏三十七・一度的新高。京都更瘋狂，出現災害級高溫，創下攝氏四十度以上的紀錄。即便到了八月最後一天，東北地區的氣溫依然飆到將近攝氏四十度，關東地區也停滯在攝氏三十五度左右。

據總務省消防廳統計，七月份全國因中暑被送往急救中心的人數高達三萬六千五百多人，是有紀錄以來第二高。其中，六十五歲以上的高齡者占了兩萬多人，中暑場所最多是在家中。日本氣象廳甚至發表聲明，預估這種熱天氣會延長至九月和十月。今年的秋季，因無法產生劇烈溫差，楓葉恐怕也無法轉紅了。

日本原本應該有四季，現在似乎變成只剩下夏、冬兩季。

最後，非常感謝在實體書店或網路書店，挑選了這本書的親愛的讀者；也非常感謝願意為這本書改新版的出版社。希望大家都能平安無事地度過一年又一年。如果有緣，我們應該可以再相見吧。

茂呂美耶於二〇二三年八月末

# 前言——返回初心

有位日本著名推理小說作家在隨筆中說：「寫書人，千萬不要在網路搜尋讀者對你的新書評價。寫書人絕對無法滿足所有讀者，何況讀者是一種見異思遷的蒙面群體。」

又說：「網路上的評價者大多使用暱稱，他們躲在作者看不見的幕後，隨心所欲地在雞蛋裡挑骨頭，以為自己寫的一篇評論便可以把作者推進地獄。」

繼而說：「愈暢銷的書，評價計分者愈多，因此，該書的得分也會隨之降低。寫書人都會碰到明明自己很有把握的書，推到市場後，銷量卻少得出人意表的例子。」

看來，這位作家有過前述經歷，才會發出如此感嘆。我是最近才讀到他的隨筆，一面讀，一面頻頻點頭。因為我正掉落在這位作家說的陷阱。

話說二〇一〇年年初，我出了一本日本歷史書《戰國日本》，銷量十分好，好到我收到版稅時，還特地寫信去問編輯：「你們有沒有算錯數字？」後來我收到版稅結算單，才知道《戰國日本》在短短半年便衝破一萬本。

《戰國日本》上市後，我為了得知讀者的評價，到網路搜尋書評。結果，看到有人批評：「這本書寫得太淺，沒有深度，裡面的內容都是在網路可以搜尋到的知識。」

我現在很後悔，當初為何不記住其他讀者的好評與掌聲，偏偏要記住這位讀者的批評呢？

正因為記住這位讀者的批評，我在動筆寫《戰國日本2——敗者的美學》時，無意識中便改變了「盡量寫淺一點，盡量面向大眾」的初衷，不寫「在網路可以搜尋到的知識」，把內容寫得較深入些。

結局如何呢？

結局是，我主動掉進了地獄。

因為我為了向一位「自認為專家的讀者」挑戰，竟失去了其他一萬五千名的「大眾讀者」。換句話說，第二本《敗者的美學》正是「作者明明有把握」，卻落得「銷量少得出人意表」的典型例子。

經歷了這件事，又讀到前述那位著名日本推理小說作家的感嘆，我學到一個寫書教訓：「無論寫書人腦中裝了多少知識，也不能直接攤給大眾讀者看。大眾讀者有大眾讀者的水平，寫書人必須主動俯身彎膝，讓大眾讀者一眼即能看清你此刻手中握的到底是什麼牌子。」

也就是說，寫書人應該像魔術師那樣，逐次地將自己腦中的知識變成一朵花或一隻白鴿，讓觀眾能享受瞬間的樂趣，並當場向魔術師鼓掌叫好。

如果有人在一旁喋喋不休地向觀眾說明魔術師的手法，或乾脆站起來向觀眾大聲說：「其實還有其他更繁複的手法，其實還可以變成天上雲彩。」我想，他得到的一定不是掌聲，而是噓聲。

畢竟觀眾並非想當魔術師，實在沒有必要花錢去聽變魔術手法說明。再說，觀眾若想看「天上雲彩」，他們會再度買門票去看其他魔術師表演的舞台。

基於前述理由，這回我再度動筆寫歷史書時，一開始就秉著「返回初心」的態度，盡量挑一些中文讀者大多知其名的日本人物，內容也寫得非常淺。

倘若這回仍有讀者批評「內容太淺，沒有深度」，我也會一笑置之，不再自尋煩惱。

有人批評，表示你有知名度，何必為了一句批評而失去其他一萬五千名大眾讀者的掌聲甚至版稅呢？

這本書所挑選的人物，若要再寫深一些，每個人物都可以寫成一本書。

要是有讀者對他們感興趣，或許可以去找單一人物的翻譯書或相關書藉。總之，我只是在進行「普及日本歷史常識」這項分內工作而已。

希望大家能理解我的苦心，並給予掌聲，好讓我能再接再厲，繼續為大家鋪路。

是的，我的工作是在「鋪路」。

我只是在為眾多中文讀者鋪一條勉強可以通行的山徑而已。

想走柏油馬路的讀者，必須先通過山徑，先「發現」原來山的另一方還有另一個世界，才能順著山徑下山，再各自去尋找符合自己水平的柏油馬路。

此外，這本書的副標題雖然聲稱「十八個你一定要認識的日本人物」，但實際上我想寫的人物不只十八個。不過，有些人物在其他書籍提過了，有些人物則因圖片不足，只能割愛。

往後，我可能會陸續推出「茂呂美耶的歷史手帳」，寫些我個人感興趣的日本歷史重要事件，或日本神仙、妖怪等「阿里不答」的主題。

總之，無論何種主題，我都會堅守自己的原則，盡量寫得淺顯易懂，這樣才能為大家帶路，也為我自己開路。

敬請期待，並感謝大家的捧場。（鞠躬）

茂呂美耶　二〇一三年五月端午男兒節　於日本埼玉縣所沢市

新版作者序——珍惜每次的再見 2
前言——返回初心 6

## 文人

個性古怪的紫式部 13
燦爛如向日葵的清少納言 25
新鈔上的曇花　樋口一葉 37
夏目漱石與貓與他的妻子 53
明治時代文豪　森鷗外的另一面 69
太宰治與他最後的女人 89
小林一茶與他的妻子 109

## 專業人士

日本醫聖　華岡青洲 121
日本史上第一位婦產科女醫師　楠本稻 133
日本水墨畫畫聖　雪舟 145
日本茶道之祖　千利休與「一期一會」 165

## 異人

風狂異端出家人　一休禪師 181
陰陽師　安倍晴明 205
明治時代奇女　千鶴子與年惠 225

## 政治名人

坂本龍馬與他的妻子阿龍 241
豐臣秀吉與貓與德川家康 261
東海道賭徒大頭子　清水次郎長 277

## 番外篇

風流消歇——從明治到昭和的沙龍文化 289
作家與貓物語 305
紫式部與清少納言比較論 317
惡女　阿部定 329
附錄 360

# 文人

紫式部

清少納言

樋口一葉

夏目漱石

森鷗外

太宰治

小林一茶

# 個性古怪的
# 紫式部

愛吃沙丁魚沒關係
只要能寫出好作品

# 重要事件表

960 970 980 990 1000 1010 1020 1030

960 陳橋兵變，宋太祖黃袍加身建立宋朝。

962 神聖羅馬帝國建立。

973 **紫式部出生。**

977 中國宋太宗大增科舉考試錄取名額。

996 **紫式部的父親擔任越前守，紫式部一起前往越前市生活了一年多。**

1004 **紫式部喪夫寡居。**

1005 **受召入宮侍奉一條天皇的中宮，開始創作《源式物語》。**

1013 **紫式部離開宮廷。**

1014或1025 **紫式部去世。**

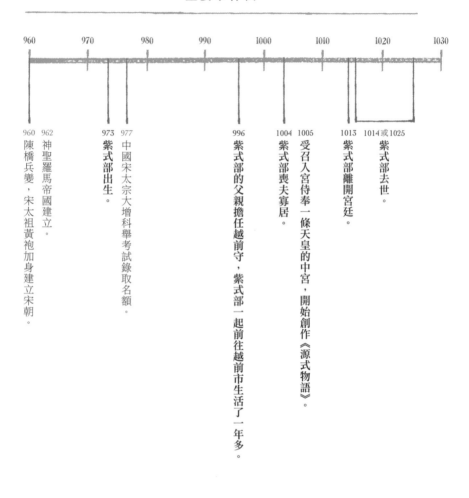

距今一千年前寫成的平安時代女性文學的不朽之作《源氏物語》，是作者紫式部（Murasaki Shikibu）身為憂鬱寡婦時期的作品。

紫式部的生涯有許多謎團，她沒有留下名字，生年也不清楚，連去逝的年代亦不詳。

後人只知道她父親是位名叫藤原為時的貴族，她母親在她三歲左右時過世，家中有一個姊姊和一個哥哥（也有弟弟之說）。

當時是一夫多妻制的訪妻習俗，紫式部的父親出身中流貴族門第，母親過世後，父親外宿的機會大概也增多，因此紫式部和姊姊、哥哥可能度過寂寞的孩提時代。

紫式部長大後，錯過了婚期。她在日記中留下一段回憶兒時的文章，說她父親讓哥哥唸書，哥哥卻老是記不住，而在一旁聽的她反倒輕而易舉地記住了。

這時代的人們討厭閱讀漢文書籍的女性，紫式部不但具有熟知中國古典名著《史記》及白居易詩集等文化修養，甚至連日本佛典、歌集、史書等的造詣也非常深。

如此文化修養遠勝過一般男性的紫式部，應該是位程度很高的知識分子。

紫式部在臨三十歲的晚秋時節結婚。對方是個和她年齡相差有如父女，而且已經有四名妻子、六個孩子的男人。

雖然兩人膝下有個女兒，但婚姻生活只維持兩年多，最後因丈夫過世而告終。

紫式部成為有孩子的寡婦，逃避抑鬱現實般地開始動手寫故事。她為了擺脫憂鬱的日常生活，以充滿愁緒的筆觸寫出華麗王朝世界的《源氏物語》。

就在她不停紡織主角光源氏的戀愛經歷與榮華時，五年後，以女官兼家庭教師的身分，在一條天皇的皇后彰子身邊服侍了約六年。

結果，她寫的故事成為長達五十四帖的長篇連載，並成為世界最古老的長篇小說。

據說紫式部其貌不揚，而且自我意識過強，性格似乎趨於內向、陰沉。然而，或許正因為她這種性格，才能寫出名揚日本文學史的傑作。

在日本，《源氏物語》是高中古文教科書範本，一般人視其為古典，但在歐州，似乎被當做描述現代婚姻生活的書。在知識分子間很受歡迎。

站在女性立場閱讀《源氏物語》，確實會令人失去對婚姻的憧憬與幻想，也能進一步理解男女間的戀愛心理。

大抵說來，論及千年前的歐州文學，無論哪個國家都只有歌頌戰役的武勛詩，完全沒有細膩描寫出人與人之間複雜心理的小說。

這部描述貴族的顯赫生活以及其陰暗面，登場人物超過四百人的長篇小說《源氏物語》，證明了支撐日本平安時代高度文化的正是當時的女性優勢社會環境。

紫式部另有個很有趣的小故事。

話說平安時代的貴族，似乎沒有在烹調過程中直接加調味料的習慣，吃飯時，按自己口味各自沾鹽、味噌等調味料。只有酸味例外。當時沒有食酢，只能讓材料自然發酵而得酸味。又基於身分制度嚴謹，有不少食物被上流階級人士視為下品，貴族人不吃。

例如沙丁魚。貴族只吃香魚、鯉魚或鯽魚之類的淡水魚，對鹹水魚視如敝屣。可能因為鮮度問題吧。

但有位貴族，而且是女性，經常瞞著丈夫偷吃沙丁魚。這位女性正是日本王朝文學紅人紫式部。

江戶時代的國學者谷川士清（一七〇九～一七七六），於生前所編撰的國語辭典《和訓栞》中，描述紫式部非常愛吃沙丁魚，時常趁丈夫不在時，在家裡偷吃烤沙丁魚。

某天，丈夫看到紫式部正在吃沙丁魚，眉頭一皺，責備她怎麼吃這種下品魚。

紫式部回丈夫一首和歌，意思是：「凡是日本人，沒有人不去參拜石清水八幡宮，也沒有人不吃沙丁魚。」

沙丁魚飽含DHA，而DHA又能充實成人腦細胞，不但可以抑制攻擊性，也能令人精神安定，增強集中力。或許紫式部正因為時常偷吃沙丁魚，才能寫下傑作《源氏物語》？

當時朝廷女官稱沙丁魚為「御紫」或「紫」，可見眾女官也時常瞞著男人偷吃沙丁魚。

女人通常感情勝過理智，只要好吃，誰管身分制度？先吃再說。

而紫式部又曾伴隨父親到越前（福井縣）赴任，越前若狹灣的特產正是沙丁魚。或許紫式部在這時期也飽嚐過沙丁魚？

不過，另一種說法是「和泉式部與沙丁魚」，典故出自《猿源氏草紙》。

和泉式部（Izumi Shikibu）是著名的和歌歌人，女房三十六歌仙之一，擅長作男女戀愛和歌，是紫式部的女官同僚，並與紫式部、清少納言並稱日本平安時代的「王朝文學三才媛」。

《猿源氏草紙》成立於十四世紀的室町時代，《和訓栞》則刊行於一七七七年前後，按理說，正確說法應該是《猿源氏草紙》。

只是，《和訓栞》中的「紫式部與沙丁魚」說法亦是參照其他古籍，因此最初出現此典故的文獻到底是「和泉式部與沙丁魚」或

沙丁魚

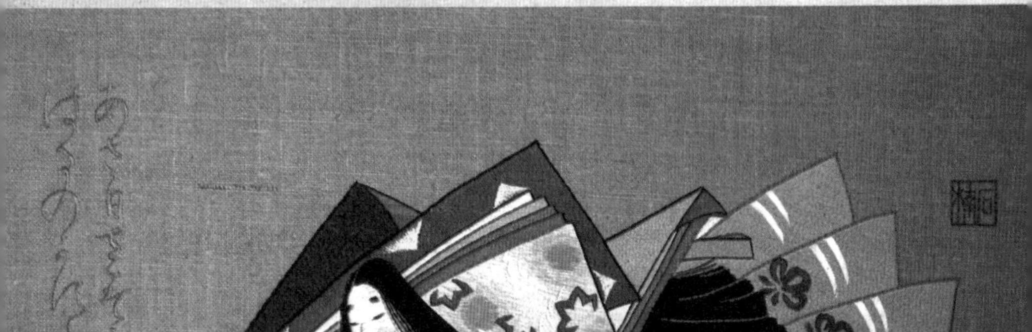

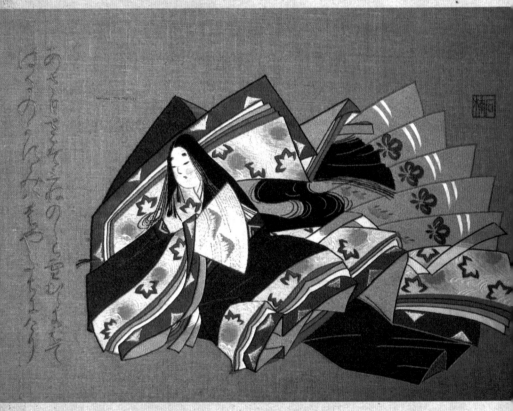

紫式部

「紫式部與沙丁魚」，如今已無從查證了。

總之，現代日本人只要提到沙丁魚，通常會聯想到「紫式部與沙丁魚」這則故事。賣魚貨的商家也很愛拿這則故事當做促銷廣告詞。

## 紫式部小事典

| | |
|---|---|
| 石山寺 | 據說是紫式部寫作《源式物語》的場所，<br>位在日本滋賀縣大津市的東寺真言宗寺。 |
| 紫式部公園 | 有紀念紫式部的金色雕像，<br>位於日本福井県越前市東千福町。 |
| 紫式部文學獎 | 日本京都府宇治市教育委員會所設立，<br>以紫式部為名的文學獎，<br>江國香織、吉本芭娜娜等人都曾榮獲該獎項。 |
| 源氏物語博物館 | 以《源式物語》為題的博物館，<br>位於京都府宇治市。 |
| 廬山寺 | 據說是紫式部曾祖父藤原兼輔的宅邸，<br>寺院裡刻有「紫式部邸宅址」字樣的石碑，<br>位於京都市上京區。 |

# 燦爛如向日葵的
# 清少納言

我只朝陽光方向抬頭
四處散播燦爛的笑容

## 重要事件表

- 960 陳橋兵變，宋太祖黃袍加身建立宋朝。
- 962 神聖羅馬帝國建立。
- 966 **清少納言出生。**
- 973 紫式部出生。
- 977 中國宋太宗大增科舉考試錄取名額。
- 981 **與橘則光結婚。**
- 991 **與橘則光離婚。**
- 993 **進宮當女官，侍奉皇后中宮定子。**
- 1000 **皇后定子過世，清少納言出宮。**
- 1001 **完成《枕草子》。**
- 1025 **清少納言逝世。**

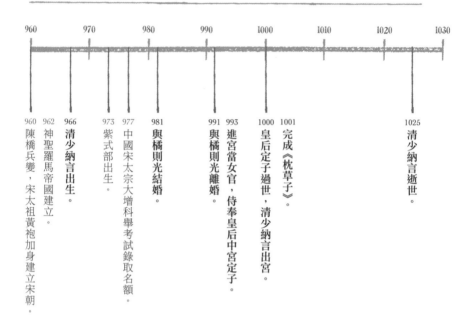

日本史上第一部隨筆傑作《枕草子》的作者清少納言（Sei Syounagon），在進宮當女官之前，經歷過一段長達十多年的專業主婦時代。

清少納言十六歲時，與年長一歲的橘則光（Tachibana no Norimitsu）結婚。

橘家祖先是出色的和歌詩人，《萬葉集》裡也收錄了其八首和歌。然而，則光完全沒有文才，擅長的是武藝。有關這方面，《今昔物語》裡留下許多橘則光的逸聞，給予「一身是膽，力大無窮」的評價。

婚後，夫妻倆依序生下長子、次子，清少納言成為至少是兩個孩子的母親。或許也生了女孩，只是沒有留下紀錄，無法確認事實與否。

隨著日子流逝，清少納言逐漸對家庭主婦的日常生活感到不滿。最後終於和丈夫分手，留下孩子，離開家庭，進宮當女官。據說她當時約二十八歲。

那以後，直至她服侍的皇后定子過世之前，她的日子過得如魚得水，生動活潑。由於她是當時的統治者夫人身邊女侍，理所當然也就有機會接觸到一般庶民無法入口的美味。

《枕草子》裡有一段〈高雅的東西〉。

「高雅的東西」原文意謂「既優雅又美麗且高尚的東西」。將那段文章翻譯成白話文的話，意思如下：「既優美又美麗且高尚的東西。淡紫色疊穿衣服上披掛的白色外衣（女性的夏服）。小野鴨的蛋。**削冰裡放入甘葛，盛在新的金屬碗內**。水晶念珠。藤花。雪花落在梅花上的情景。非常可愛的小孩子在吃著草莓的樣子。」

請大家注意看「放入甘葛的削冰」這

放入甘葛的削冰

句話。削冰，正是現代的刨冰。這段描寫並非冬天，而是夏天。

或許有人會問：「在那個沒有冰箱的時代，夏天怎麼可能有冰塊呢？」其實當時有宮廷專用的冰塊保存冷凍庫，名為「冰室」，至今仍存在於京都府。

甘葛是取自某種蔓草的天然甜料。秋季至冬季，從蔓草擠出汁液，再煮濃，便能成為一種名為「甘葛煎」或「味煎」的甜料。

至於夏天的冰塊，對當時的一般老百姓來說，當然很難有機會目睹。清少納言將刨冰，而且是放了貴重甜料甘葛的刨冰，列入「高雅的東西」項目。她沒有將之列入「看起來很好吃的東西」，也沒有列入「想吃的東西」項目內。由此可見，對當時的女官來說，「放入甘葛的削冰」應該也是珍貴美味之一。

據說最初帶砂糖進入日本的人，是唐代高僧鑒真和尚。這位名僧歷經五次渡海失敗，又遭受雙目失明的不幸，最後戰勝了悲慘命運，於天平勝寶五年（七五三）十二月抵達日本。

鑒真將帶來的物品捐贈給東大寺，根據紀錄，其中有一項名為「蔗糖」，另一項是「石蜜」。「蔗糖」可以解釋為「黑砂糖」，「石蜜」則為凝結為塊的蜜，也有專家說可能是冰糖。

日本是十七世紀以後才有國產砂糖，在這之前，進口的砂糖極少，而且砂糖被當做可以恢復疲勞的甜料藥品，是藥劑之一，因此一般人平時根本沒有機會吃甜點。而清少納言是十世紀中葉至十一世紀初的人物，也就是說，比起一般庶民，她足足早了七百年吃到甜點。難怪她會放棄當家庭主婦的生活。

《枕草子》裡另有一段〈消遣無聊的東西〉，也就是可以排遣無聊的東西，其中列出一項「水果」。當時的所謂「水果」包括所有點心，而點心裡應該也有甜味的吃食。

看來，清少納言確實比一般老百姓更有機會吃到甜點。

或許，對她來說，比起其他昂貴又好吃的東西，「放入甘葛的削冰」是更上一層的「高雅的東西」吧。

清少納言雖然過了大約十年的宮廷生活，但是，只要主人過世，她也就沒有理由繼續留在宮內。退出宮廷時，大概很寂寞。

清少納言離開宮廷後，到底過著什麼樣的生活，由於沒有任何史料，我們後人完全不得而知。但從她留下的隨筆，我們可以推測，她晚年應該也過得相當悠然自得，泰然自若。

畢竟她是離開宮廷之後，才以回憶方式寫成《枕草子》。

像她那般能細心觀察日常生活中的一朵花、某人的某種表情、身上所穿服裝的顏色、一碗刨冰，甚至深夜渺然傳來的蟲鳴鳥囀，再以輕妙筆致寫成文章的女子，怎麼可能過著落魄日子呢？

她應該很會安排自己的生活。

春天時，仰頭歌頌：「春天是破曉時分最好。漸漸發白的山頂，不但會亮起來，還有細細長長既紅又紫的雲彩。」

夏天時，望著明月嘆道：「夏天是夜裡時分最好。有月亮的時候，就不必說了；沒有月亮的時候，也會有一大群螢火蟲飛來飛去。就算只有兩三隻發出微光飛過，也很有意思。要是再來一場雨，那就更有意思了。」

秋天傍晚站在小丘沉吟：「秋天是傍晚時分最好。紅紅的太陽快要下山時，那些想回家的烏鴉三三兩兩趕路的樣子，實在教人感動。更何況看到那些遠遠排成一列的雁影，真是無話可說。當太陽完全下山後，又可以聽到風聲和蟲鳴，那種情境真的很有意思。」

冬天時，窩在火爐前望著白灰幽幽地說：「冬天是早晨時分最好。下雪天就不必說了。就算沒下雪，但染上一層霜白或凍得受不了時，便趕緊去生一盆火，搬運火盆走在長廊，就有寒冬的感覺。只是到了中午暖了起來，火盆內只剩一堆白灰，實在很難看。」

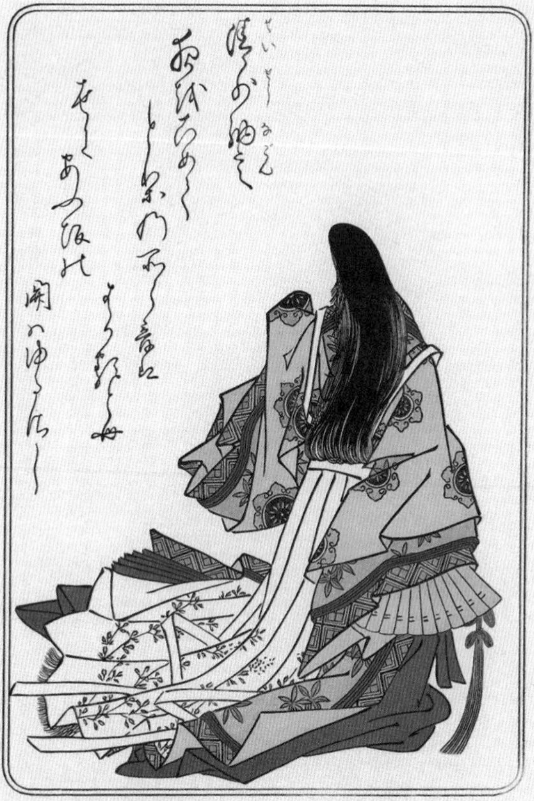

清少納言

無論春夏秋冬，她都能找出「春曉」、「夏螢」、「秋雁」、「蟲鳴」

「冬雪」、「炭火」等生活中的細微美。

這種女性，會把日子過得唉聲嘆氣嗎？

## 清 少 納 言 小 事 典

| | |
|---|---|
| 《枕草子》 | 目前流傳於世的有四種版本，分別為：〔能因本〕、〔三卷本〕、〔前田本〕和〔堺本〕。 |
| 清少納言<br>知恵の板 | 傳說清少納言曾為了測試女兒聰不聰明，而使用的一種七巧板。 |
| 鳴門市里<br>浦町坂田 | 清少納言的供養塔（尼塚）在此地。 |
| 香川縣<br>琴平金刀<br>比羅神社 | 有一座「清塚」，據說是清少納言夢見自己在此去世，而立了石碑。 |
| 京都誓願寺 | 清少納言出宮後在此為尼修行，度過餘生。 |
| 京都<br>泉湧寺境內 | 有一座刻有清少納言的著名和歌歌句「鳥啼融夜色，音撼逢坂關」的歌碑。此碑坐落地也是清少納言父親清原元輔的山莊舊址。 |
| | |

# 新鈔上的曇花
# 樋口一葉

即便宛如曇花一現
也要留下縈懷芳香

## 重要事件表

1870 1880 1890 1900

1872 樋口一葉出生。

1875 光緒元年。

1879 美國科學家愛迪生（Thomas Alva Edison）發明電燈。

1889 樋口一葉父親去世，成為家中的戶長。

1891 跟隨《朝日新聞》記者、大眾作家半井桃水學習寫作，並在同年秋天以「一葉」為筆名發表作品。

1893 日本開始使用西元紀年。

1894 樋口一葉在《文學界》發表作品〈大年夜〉，開啟「奇蹟十四個月」的作家生涯。

甲午戰爭爆發。

1895 台灣民主國成立。

1896 樋口一葉去世。

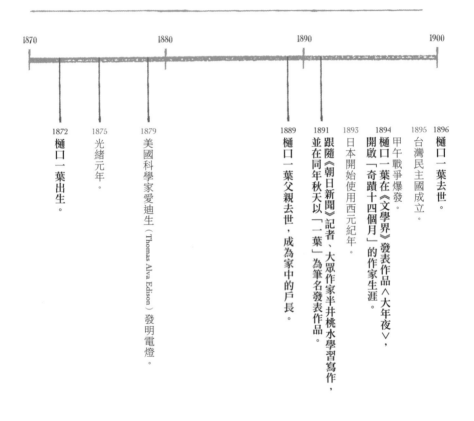

日本政府於二〇〇二年八月二日公布，當前流通的一萬、五千、一千日圓紙幣將於二〇〇四年換新。目的當然是為了防禦日益猖獗的偽鈔，另一方面，也想藉新鈔一掃籠罩日本經濟多年的陰霾氣氛。

當時的紙幣肖像是：一萬日圓，福澤諭吉（Fukuzawa Yukichi）；五千日圓，新渡戶稻造（Nitobe Inazo-）；一千日圓，夏目漱石（Natsume So-seki）。

新鈔則是：一萬日圓，同樣是福澤諭吉，但會有更動；五千日圓，樋口一葉（Higuchi Ichiyo-）；一千日圓，野口英世（Noguchi Hideyo）。

日本財務省挑選新鈔肖像的基準有三：從事文化工作的人物；小學與國中教科書上有其照片，是兒童也熟悉的人物；臉部有特徵，不容易偽造。

根據前述基準，野口英世完全過關，然而樋口一葉是女性，又是年輕女性，本來不適合膺選為鈔票肖像，卻由於她是明治新時代婦女社會角色變遷的先驅，因而脫穎而出，成為日本紙幣史上第二位女性肖像人物。

第一位則是明治時代的一圓紙幣，肖像是神話傳說中的第十四代神功皇后。

女性不適合紙幣肖像的原因，據說由於女性臉部缺乏鬍鬚或皺紋之類的特徵，比較容易偽造。

野口英世是聞名全球的細菌學者，生於一八七六年，年幼時因火傷致使左手殘廢，日後到福島縣會津若松接受留洋歸國的渡部醫師操刀，方才脫離飽受嘲笑的生活。

高等小學（初中）畢業後，曾在渡部醫師手下當藥劑見習生，二十歲那年到東京進修，並通過醫師開業執照考試，成為順天堂醫院助手。

一九〇〇年前往美國，成為洛克斐勒醫學研究院（Rockefeller

Institute for Medical Research）一員。四年後，發現梅毒病原體，一躍成為世界名人。

一九二八年為了研究黃熱病濾過性病原體，前往西非，不幸受感染，於西非病歿，享年五十有一。

野口英世在日本算是偉人之一，傳記、紀念碑不在少數；相較之下，樋口一葉便顯得暗淡無光，除非對日本文學史有興趣，否則在一般日本人之間的知名度並不是很高。

樋口一葉生於一八七二年，上有二兄一姊，下有一妹。

父親本為山梨縣農民，為了擺脫階級制度的桎梏，棄鄉上京打拚，經歷千辛萬苦後，終於在明治新政府成立之前花錢買了同心（江戶時代的下級公務人員）階級特權，成為士族（武士）身分。

當然，也基於一葉的父親具有相當程度的學問，否則一個本不識字珠算的農民，即便花再多錢也不可能躍升為士族身分。

待明治新政府成立後，一葉的父親便升任為政府下級官吏。因此，一葉出生時，即浮沉在教條與戒律的士族醬缸內。

一葉從小就很喜歡讀書，九歲入私立小學，卻遭母親反對，十一歲退學。她的最終學歷止於小學，換句話說，她只接受過兩年的正式教育。

退學後，一葉在家依然時常捧著祖父與父親的書籍自修，她父親看不過去，送她進歌塾《荻舍》學和歌、書法、古典文學。

大概是小學時代成績傑出，一葉的父親很期待女兒將來成為歌人。而一葉自己也立志當個歌人，無奈同一時代出現了小她六歲的天才歌人與謝野晶子（Yosano Akiko），致使一葉雖留下將近四千首和歌，這些作品卻始終冰凍在冷宮，無法見天日。

十五歲時，長兄因肺結核過世，一葉的二哥又在少年時代與父親斷絕親子關係，另立門戶，唯一的大姊又已嫁人，於是一葉只能肩挑起戶長重擔。

就當時的風氣來講，表示一葉終生不能捨棄「門第」去自由戀愛或結婚。因為當時不時興個人主義，社會基盤是「門第」、「身家」。既然繼承了門第，戶長便不能為所欲為，更必須養活一家大小。所幸父親還在世，一葉只是掛名戶長。

然而，一葉的父親或許擔憂兩個女兒的將來，求好心切地擴展事業，卻節節失利，最後留下一筆負債，兩年後撒手塵寰。

十七歲的一葉遂成為一貧如洗的戶長。

為了生計與債務，一葉帶領母親和妹妹搬到大雜院，幫人家縫製衣服、洗衣、包攬雜事，凡是女人可以做的雜活都做了。

但是，這些活兒所賺的錢頂多只能吃一頓挨一頓而已，根本無法溫飽三個女人。

一葉於是靈光一閃，想到何不嘗試寫小說？一葉會有這種想法，是身邊湊巧有個實例可供仿傚。那正是當時的著名女作家，也是同為《荻舍》門生的三宅花圃（Miyake Kaho）。

三宅花圃比一葉年長四歲，是一葉的學姊。

三宅於十九歲發表短篇小說〈藪鶯〉（內容描寫女學生當代風俗的小說，而「女學生」這詞在當時也意味「上流階級閨秀」），並用〈藪鶯〉得來的稿費為亡兄舉行一週年忌辰，是文壇熱門人物。

〈藪鶯〉稿費是三十三圓二十分，當時小學校長的月薪約三十圓，東京一些供食宿的廉價公寓月租是三圓。

可見對一葉來說，稿費不是《荻舍》那些上流階級閨秀視為可有可無的妝飾零用錢，而是生死攸關、可以養活一家人的戶長收入。

十九歲那年，經人介紹，一葉成為《朝日新聞》小說記者、亦是舊派大眾作家半井桃水（Nakarai To-sui）的弟子。

半井桃水當年三十一歲，喪妻，是獨身男子。但家中有兩個弟弟和一個妹妹，另有一個大肚子的未來弟媳，全靠他養家活口。

按理說，桃水應該也沒有餘裕收什麼弟子，可是在得知一葉年僅十九便挑起戶主重擔，且為了補貼家用，白天幫人做針線、洗衣，有空時就跑到圖書館自修小說技巧，更要抽空到《荻舍》進修古典文學，夜晚挑燈埋頭寫些賣不出去的小說……這樣的一個女子，有哪個成年男人能夠置若罔聞？

桃水可以說是一葉有生以來第一次碰到的理想異性。

一葉除了從桃水身上吸收了大眾小說技法，也汲取了戀愛蜜汁。

桃水為了替「作家一葉」鋪路，第二年，創辦同人雜誌《武藏野》。一葉在創刊號發表處女作〈闇櫻〉，之後又持續發表了兩篇作品。

怎奈《武藏野》只維持了三個月便倒閉，這期間，桃水又憑自己的力量讓一葉的作品刊載在其他新聞上。

也就是說，一葉在這時期的作品完全憑藉桃水的力量才得以化為鉛字。

雜誌倒閉後的桃水，經濟窘迫，只得在神田開一家茶館。這時，《荻舍》的大家閨秀也開始批評起一葉和桃水的師生戀。

能夠到《荻舍》學和歌、古典文學的女性都是上流階級的大小姐，一葉同她們相較之下，身分只是個下級武士的女兒，在她們面前本來就無法仰首伸眉，現在又遭到眾人貶責，便向桃水提出斷交請求。

桃水接受了。

可憐的男人，他一心一意想提拔一葉成為流行作家以改善家計，可惜後繼無力，只能吞下眼淚，情非得已地坐觀一葉的去向。

不過，桃水對一葉的愛情始終從一而終，至死不渝。

失去桃水這個靠山，一葉回頭向學姊三宅花圃求救。

三宅花圃在當時雖是人氣作家，卻絲毫沒有傲視學妹的氣派，反而在力所能及的範圍內全力支持一葉。

一葉經花圃介紹，先後在《都花》、《文學界》等當時有力文學雜誌發表作品。然而，在她登上可以大顯身手的舞台後，一葉才察覺桃水的重要性。

簡單說來，一葉在寫作上陷於瓶頸。

小說寫不出來，柴米油鹽樣樣要錢，難道只是身為女人，就當真無法憑自己的力量闖出天下？

二十一歲的一葉懷著一肚子苦惱，決定放棄文學，帶著母親和妹妹搬到貧民窟開了家雜貨店。沒有麵包，焉得墨水？

一葉的新居在下谷龍泉寺附近（東京台東區），居民都是仰賴吉原遊廓為生的貧民。搬家當晚，一葉在日記寫下對桃水的思念之情。

九個月的貧民窟經驗，是一葉創作的轉折點。在這之前，一葉的小說始終擺脫不了當時女作家特有的脂粉氣，徒有麗藻，缺乏骨架。

但在貧民窟看多了一日長大便必須賣身進吉原遊廓的女孩子命運

後，一葉的日記文體開始有劇烈變化，濃妝艷抹的冗詞贅句消失了，只剩下簡潔有力的肺腑之言。

二十二歲時，一葉再次搬家。直至她以「市井作家」身分再度登上文壇之前，為了糊口，她似乎豁出一切矜持，假意周旋在可以借到錢的男人之間，使得過去一些學姊學妹無不鄙視唾棄她。

一八九四年十二月到一八九六年一月，是一葉創作生涯的最高峰，也正是後人所說的「奇蹟的十四個月」。

這段期間，一葉連續發表了〈大年夜〉（*ootsugomori*）、〈濁江〉（*nigorie*）、〈十三夜〉（*ju-sanya*）、〈分道〉（*wakaremichi*）、〈比肩〉（*takekurabe*）等歷久彌新的傑作。

小說主角均是社會底層的女傭、私娼、貧民窟少年少女。尤其描寫貧民窟少年少女的〈比肩〉，受到幸田露伴（Ko-da Rohan）、齋藤綠雨（Saito- Ryokuu）、森鷗外（Mori Ougai）三位文豪讚不絕口的總評。

〈比肩〉插畫／鏑木清方畫

森鷗外甚至公言：「即便世人嘲笑我盲目崇拜一葉，我也在所不惜地想贈與她『真正的詩人』這樣的稱號。」

當代文豪的讚賞鞏固了一葉的作家地位。

就在前途似錦，看似即將可以脫離家徒四壁的日子時，肺結核病魔纏上了一葉。

病榻纏綿了十個月的一葉，終究甩不開死神的糾纏，於十一月二十三日永眠，得年二十四。

這位生前作品僅有二十多篇短篇小說的女作家，宛如曇花一現，卻留下令人縈懷難釋的芳香。

如果一葉地下有知，望著五千日幣新鈔上的自己的肖像，不知會不會嘆喟：「一百多年前的我，最需要的正是這個哪！」

## 樋口一葉小事典

| | |
|---|---|
| **樋口一葉墓** | 位於東京都的築地本願寺和田堀廟所。 |
| **一葉紀念館** | 位於東京都台東區龍泉三丁目。這裡是樋口一葉曾居住過的下谷龍泉寺町，也是〈比肩〉的故事場景。每年舉辦的「一葉祭」期間免費開放。紀念館對面就是一葉紀念公園。 |
| **一葉煎餅** | 一九五二年成立的老店，在一葉紀念館附近，有十多種口味，是當地知名的伴手禮。 |
| **文京<br>一葉會館** | 位於東京文京區本鄉法真寺內，樋口一葉小時候曾住過的區域，一般稱「櫻木之宿」，展示其相關資料，每年十一月二十三日會舉辦文京一葉忌。 |
| | |

# 夏目漱石
# 與貓與他的妻子

一隻黑貓讓吾輩一夜成名
一個老婆讓吾輩夜夜打禪

## 重要事件表

1860　1870　1880　1890　1900　1910　1920

- 1867 **夏目漱石出生。**明治天皇登基。
- 1868 **成為內藤新宿名主鹽原昌之助的養子。**
- 1874 台灣牡丹社事件爆發。
- 1876 亞歷山大·格拉漢姆·貝爾（Alexander Graham Bell）取得電話專利。
- 1889 大日本帝國憲法生效。
- 1893 日本開始使用西曆。
- 1895 孫中山發動廣州起義。
- 1896 **與中根鏡子結婚。**
- 1900 **被文部省選派為英國留學生，十月抵達倫敦。**
- 1903 **出任第一高中講師、東京大學英文科講師。**
- 1907 **三月決定加入朝日新聞社，從此成為專業作家。**
- 1914 第一次世界大戰爆發。
- 1916 **夏目漱石因胃潰瘍大出血去世。**

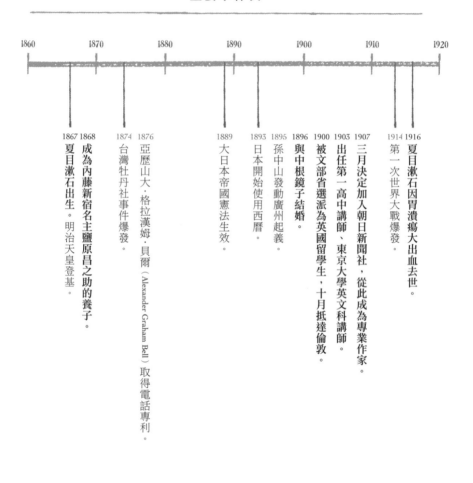

「吾輩是貓。還沒有名字。完全搞不清在哪兒出生。只記得好像在一個陰濕的地方喵喵叫。」

這段開頭太有名了。只要提起日本的貓文學，這部《吾輩是貓》總是名列第一。

此作品發表於一九〇五年一月，夏目漱石（Natsume So-seki）三十八歲那年。開頭第一句一字不改地成為書名，讓當時僅是默默無聞的英文文學者夏目漱石一舉成名。

開頭第一句的「吾輩」，正是中文的「吾儕」、「我們」之意。日本明治時代有許多（自稱）知識分子階級的男子，基於憂國憂民之心，經常在街頭滿面通紅地拉開喉嚨向民眾進行演講。他們演講時，每一段話的開頭第一句通常是「吾輩」如何如何，也因此，這部名著的書名若按原文直譯成《吾輩是貓》，或許更恰當。

夏目漱石於生前贈書給一位美國男性朋友時，題詞第一段寫的是：

「Herein, a cat speaks in the first person plural, we.」

可想而知，在夏目漱石的心目中，「吾輩」應該是複數，而小說中「那隻貓」是複數人物的代表。德文翻譯版的書名似乎比較接近原文，翻成「Ich der Kater」（吾正是那隻雄貓）。不過，翻成《我是貓》或《*I am a cat*》也無誤，畢竟故事中的貓主角只有單數的「一隻」。我倒是很想翻成「朕是貓」，再加一句副標題：「你要怎樣？」

總之，由於當時的日本知識分子老愛說「吾輩」如何如何，後來便成為隱含「妄自尊大」、「高高在上」之意的第一人稱單數，正符合《吾輩是貓》小說中那隻「辛辣諷刺大嘴貓」的形象。而現代日本人用「吾輩」這個詞時，大抵含有「自嘲」味道，有時意味第一人稱單數，有時則表示第一人稱複數。正如中文的「我們」，有時指的是單數那般。

當年的夏目漱石有點神經衰弱，為了解悶，他寫了一篇描述住在

夏目漱石十二歲時的照片（右）

自家院子的野貓行為之短文，發表在同人雜誌《杜鵑》。不料這篇短文竟廣受好評，於是夏目漱石便斷斷續續地寫下去，之後正式出版成書。

簡單說來，這部長篇小說的體裁雖是「長篇小說」，但也可以說是由多篇短篇小說組成，亦可以說是由多篇散文組成。若要按夏目漱石本人的說法，則為「這是部沒有固定背景，也沒有情節或結構，自始至終都不知將如何展開」的「很特別的小說」（翻成中文則為「無厘頭小說」）。

故事描寫一群明治時代的庸俗紳士，聚集在中學英語教師苦沙彌老師家的書房，高談闊論種種奇談怪論或小見聞，再透過「吾輩」這隻貓的眼睛，以嘲諷幽默的口吻轉述出。

「吾輩」雖然沒有正式名字，但被苦沙彌老師家的女傭稱為「野貓」。對於這事，「吾輩」積了一肚子恨，暗罵「吾輩已經一再聲明至今還沒有個名字，可這女傭老是叫我野貓、野貓的，真是個不懂禮貌的傢伙」。

不過，鄰家的三毛貓「三毛子」可不一樣。高興的是牠會稱呼「吾輩」為「先生」。元旦時還在脖子戴個鈴鐺，邊用可愛聲音招呼說「喲，先生，恭賀新年」，邊把尾巴向左一搖。

《吾輩是貓》最後一章寫於一九〇六年七月。

小說中的「吾輩」掉進水缸淹死了。然而，小說原型的現實貓當時還活著。現實貓是隻近黑色的條紋貓，一九〇四年初夏闖進夏目漱石家。

討厭貓的夏目夫人三番兩次抓小貓出去，但一家之主的漱石一聲令下：「既然老是跑進來，就讓牠住下吧。」

自此，「吾輩」便成為夏目漱石家的家貓。但是，夏目家似乎無人關照這隻貓，到最後都沒有人為牠取名字。

話說回來，夏目漱石為何願意養這隻貓呢？

事情是這樣的，某天，經常到夏目家的按摩師，偶然發現這隻貓的腳掌肉球是黑色的。

據說，連腳掌肉球也是黑色的貓，是可遇不可求的福神貓。因此，按摩師便向夏目漱石勸說，這是吉祥貓，養下來比較好。結果，喜歡占卜算命的夏目夫人聽了此事後，大為動心，終於答應養下這隻貓。

三年後的夏季九月中旬，衰弱（為何衰弱？難道沒有人餵牠吃飯？）的「吾輩」終於死在夏目漱石家後院的庫房。九月十三日，夏目漱石製作了四周用墨水塗黑的手製明信片，寄出貓的「死亡通知」給關係較親密的幾名弟子。

貓的屍體被埋在夏目漱石書房北側後院一株櫻花樹下。而且夏目漱石親手在白方形木材寫上「貓的墳墓」，為貓立下墓碑。

夏目漱石宅邸遺跡的公園內，目前仍留有一座為祭祀貓而建立的紀念塔。

與這隻「吾輩」貓同樣名滿天下的夏目家「人族」，是夏目夫人鏡子（Kyo-ko）。

大正四年（一九一五），夏目漱石發表了唯一一部自傳小說《道草》。他在這部小說中，毫不隱瞞地描述出他和妻子之間的糾葛。因為這部小說，夏目漱石的妻子鏡子往往被視為典型的惡妻。

然而，她的真實形象到底如何呢？

鏡子出生於明治十年（一八七七），是貴族院書記官長中根重一（Nakane ju-ichi）的長女，十九歲時，有人來說親，男方正是比鏡子年長十歲的夏目漱石。

至此為止，也有人來提過幾次親，但鏡子每次看了對方的照片後，總是無法萌生將自己的終生託付給對方的念

鏡子相親照

頭。不料，鏡子這回竟一眼就相中了照片中文雅溫和的夏目漱石。

可是，在相親席上，鏡子發現夏目漱石的鼻頭上有痲子。原來送照片來的媒人於事前曾特地說明「對方沒有痲子」，鏡子當時覺得有點怪，一直記住「痲子」這件事，才會在相親席上拚命地找「痲子」。

另一方，夏目漱石也注意到鏡子的牙齒排列不整齊。不過，鏡子並不隱瞞自己的缺點。夏目漱石正是看中了鏡子這種坦率的個性，才和鏡子結婚。

婚禮在熊本夏目漱石家的六疊房舉行，過程很簡樸。

兩人的新婚生活始於明治二十九年（一八九六），正是夏目漱石上任熊本第五高等學校教授那年。婚後沒多久，夏目漱石便對鏡子宣告了一項極為不合情理的要求。

「我是學者，必須勤於閱讀學習，沒有多餘的時間理妳。」

對一個夢想著甜蜜新婚生活的新娘子來說，這句話冷淡得幾乎可以令人放聲哭倒在地，沒想到，鏡子卻無動於衷。因為她父親也是很愛閱讀的書蟲，她早就懷有學者大概就是這種模樣的觀念，所以毫不猶豫地接受了丈夫的要求。就這點來說，也能證明鏡子的性格確實豁達開朗。

或許，在婚後才覺得始料未及的人是夏目漱石這方。

原來鏡子早上起床超級晚。

並非鏡子偷懶愛睡覺，她似乎天生就是無法早起的體質，如果太早被叫醒，她會頭疼得一整天都無精打采。有時待她好不容易才起床時，夏目漱石早已連早飯都不吃就出門上班了。

鏡子也盡力想早起，在床頭的柱子上安設了當時流行的八角形時鐘。只是，每隔半小時就「叮噹」一聲的時鐘響聲，反倒令鏡子坐立不安，更加睡眠不足，愈是恍恍惚惚。

夏目漱石對早上起不來的鏡子說：「妳是歐坦丁（江戶語「糊塗蟲」之意，相當於中文的「二百五」）那個帕里奧洛格斯啦。」這只不過是一句純粹的戲弄話，鏡子卻認為一定是她聽不懂的西洋名稱。

鏡子向前來拜訪丈夫，看上去比較具有學問的夏目漱石的友人求解，結果大家只是笑而不答。據說鏡子後來才明白，這是夏目漱石以東羅馬帝國最後一位皇帝帕里奧洛格斯（Kōnstantinos XI Palaiologos Dragasēs）為題材的雙關語。

兩人的生活並非過得平平穩穩。

婚後第二年，鏡子流產了。之後，雖然再度懷孕，這回卻因為孕吐太厲害，不但無法進餐，連藥劑和開水也吞不下。

鏡子的歇斯底里症愈發嚴重，某日，終於付諸行動，跳河自殺。所幸母子都平安無事，但直至長女筆子（Hudeko）出生為止，夏目漱石在妻子面前應該都屏聲息氣，如坐針氈。

為了避免妻子再度跳河，夏目漱石舉家遷移到市內，這段期間，他為求心靈的平靜，也曾學習靜坐打禪。到了第二年（明治三十三年），長女筆子總算安然落地。

然而，鏡子和夏目漱石在同一屋簷下共同生活後，方才知曉丈夫其實患了很麻煩的病。在夏目漱石的一生中，週期性出現的心病，大多數人都礙於「文豪」這頂帽子，輕描淡寫地以「神經衰弱」遮掩過去。

夏目漱石的長子夏目純一（Junichi）在其隨筆中，描述自己完全沒有被父親疼愛過的記憶。

鏡子夫人與筆子

站在現代醫學的立場來看，夏目漱石的病名是躁鬱症，或是高度的精神官能症。但在當時，不僅夏目漱石本人，其他人也都沒有聽過這種病名，導致夏目漱石身邊的人只能戰戰兢兢地過日子。

遺憾的是，夏目漱石活在學問與藝術的世界中，鏡子卻趨向現實性的金錢勢力與權力，兩人因性格和價值觀的相異，最終造成夏目漱石在《道草》中描述的家庭不幸。

不過，按夏目純一寫的隨筆文章，據說鏡子很尊敬丈夫，也很信賴丈夫。夏目純一描述，他從來沒有聽過鏡子對丈夫有任何一句抱怨或牢騷。

## 夏目漱石小事典

| | |
|---|---|
| 新宿區喜久井町 | 本名夏目金之助的夏目漱石誕生地，原地名為「江戶牛込馬場下橫町」。位於早稲田駅西口，有一個夏目漱石誕生之地的碑。 |
| 羽二重團子 | 東京日暮里著名日式甜點，曾出現在《吾輩是貓》中。 |
| 雜司が谷霊園 | 夏目漱石安葬於此。 |
| 夏目坂通り | 前往夏目漱石誕生地的道路，以此命名之。 |
| 漱石公園 | 位於早稲田南町，公園裡有夏目漱石的胸像、貓塚、展示漱石資料的道草庵和重製的漱石山房。 |
| 木曜會 | 夏目漱石因為精神和健康上的問題，定下星期四會客的規定，弟子們於是把每週四的集會稱為「木曜會」，是日本文學史上的傳說之一。 |
| 少爺列車 | 夏目漱石小說《少爺》中，前往四國松山的中學赴任的少爺乘坐了「像火柴盒般的火車」，因此被稱作少爺列車。此列車於二〇〇一年在日本松山市重新運行。 |
| 道後溫泉本館 | 位於松山市的知名溫泉，當地已成為喜愛夏目漱石《少爺》讀者的朝聖地。三樓除了有「少爺間」可參觀外，還可享用「少爺糰子」。 |

# 明治時代文豪
# 森鷗外的另一面

官場鬥爭明拉暗打
情場風雲不知就裡

## 重要事件表

1860 1870 1880 1890 1900 1910 1920

- 1862 森鷗外出生。
- 1870 美國憲法第十五修正案通過，給予黑人投票權。
- 1871 日本實行廢藩置縣。
- 1879 美國科學家愛迪生發明了電燈。
- 1882 畢業於東京帝國大學醫學部，被任命為陸軍軍醫副中尉，並服務於東京陸軍醫院。
- 1884 留學德國。
- 1889 與赤松登志子結婚。
- 1892 移居至東京文京區住家，二樓書房取名為觀潮樓。
- 1900 妻子赤松登志子去世。
- 1902 與荒木茂子再婚。
- 1904 日俄戰爭爆發。
- 1922 森鷗外因病去世。

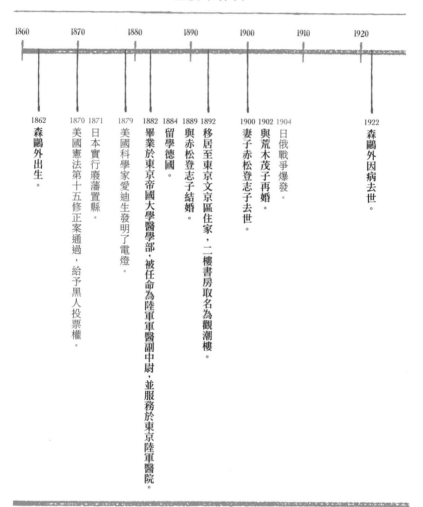

森鷗外（Mori Ougai）是明治時代的文豪，既是醫生也是作家。可能因為他的最高官職是陸軍軍醫總監的緣故，所以給人一種頑固死板的印象。

森家家世是島根縣西南部津和藩藩主的御典醫，祖父和父親兩代均為入贅女婿，之後生下的嫡子正是森鷗外。

他身負一家人的期待也是理所當然，從小便學習《論語》、《孟子》、《四書五經》，培育出文學方面的才華。

十三歲考進現在的東京大學醫學系，充分發揮了他的天分，是大學創辦以來最年少的十九歲畢業生。之後，任職陸軍軍醫，二十二歲時公費留學德國。

他在德國和一名名為愛莉絲的女子相戀，回國後，愛莉絲追到日本，差點成為醜聞。愛莉絲雖然追到日本，卻遭到森家全家人反對，只得傷心回國。

這位愛莉絲正是森鷗外的處女作〈舞姬〉的女主角原型。

爾後不到半年，在四周人的安排下，森鷗外不甘不願地只看了照片而定下姻緣。但是，沒有愛情的婚姻不持久，短暫姻緣維持不到兩年便結束。之後，森鷗外過了十三年的單身生活。其間，有人來說了幾次媒，但森鷗外都不理會。

四十一歲時，森鷗外總算決定再婚。第二位妻子茂子（Shikeko）是法官的女兒，長得非常漂亮，當時還很年輕，僅二十三歲，卻和森鷗外一樣，有過一次失敗的婚姻。

婚後，兩人來到新的工作地點小倉，過

森鷗外的妻子，茂子

著新婚生活。然而，兩個月後，也是因工作上的調動而回到東京，與森鷗外的母親峰子（Mineko）同居。

峰子不但緊握家計大權，也時常照管兒子的生活瑣事。如此，引發了婆媳戰爭。算起來，森鷗外袒護母親的次數比較多。茂子終於變得不願意和婆婆峰子說話，也不想和峰子碰頭，老是單獨一人在其他房間吃飯。

森鷗外夾在妻子和母親之間左右為難，為了間接勸導妻子自我反省，發表了一篇暴露森家家庭內情的小說〈半日〉。〈半日〉中詳細地描述了婆媳間的糾紛。

好勝又歇斯底里的茂子讀了〈半日〉後，不但不檢討自身的行為，反倒勃然大怒。婆媳問題鬧了十四年，一直持續到峰子過世為止。

不過，森鷗外肯定深愛著這樣的妻子。茂子似乎也深愛著丈夫。

森鷗外在晚年患上肺結核和腎臟病時，堅持不接受醫生診斷，茂子哭得雙目紅腫才說服了丈夫。結果，鷗外將驗尿瓶送到知己的醫生之處時，附上如下便條：「這並非鄙人的尿水，而是吾妻的淚水。」

話說回來，森鷗外的作品中有一部名為《澀江抽齋》的長篇歷史傳記。這部小說是以既是醫師亦是儒家的實際人物澀江抽齋（Shibue Chu-sai，一八〇五～一八五八，江戶時代末期的醫師、考證家、儒家）為題材。

按理說，主題是歷史人物時，作者通常會不厭其煩地徹底查清該人物的生平之後才開始動筆。何況澀江抽齋也有著作，對森鷗外來說應該是最合適的資料。

豈知，森鷗外在寫前述那本小說時，只是隨便翻閱了澀江抽齋的代表作《經籍訪古志》而已。

森鷗外甚至在《澀江抽齋》中主動說明了理由。理由很單純，原來他認為即便讀了也無濟於事。換句話說，就算讀了也讀不懂內容，乾脆不讀。

這點似乎很有道理，但也只限頭上頂著「文豪」帽子的作家有資格如此做。要是我也說「反正讀了也讀不懂內容，乾脆不讀」的話，肯定會被讀者追打至天涯海角。

今日，日本讀者只要一提起夏目漱石，肯定會聯想到森鷗外。但若要論雙方的粉絲數，則以夏目漱石遙遙領先。

森鷗外生於一八六二年，夏目漱石生於一八六七年，兩人僅相差五歲。前者於一八九〇年發表〈舞姬〉，時年二十九；後者於一九〇五年發表《吾輩是貓》，時年三十八。

〈舞姬〉描寫異國悲戀，這類小說在當時的日本很罕見，作者也因此而走紅。《吾輩是貓》將動物擬人化，這類小說更罕見，作者也因此而名聲大振。但實際上，森鷗外算是夏目漱石的前輩。夏目漱石出道時，森鷗外已經是文壇寵兒了。

不過，據說晚年時，森鷗外在《東京日日新聞》、《大阪每日新聞》

連載的歷史小說，評價遠不如夏目漱石在競爭對手的《朝日新聞》所連載的長篇小說。而向森鷗外邀稿的報社，礙於對方是「大作家」身分，遲遲不敢換人，也不敢退稿，就那樣持續連載了兩年。之後，因森鷗外就任宮內省帝室博物館（今東京國立博物館、奈良國立博物館、京都國立博物館）總長兼圖書頭，受託研究日本年號，才主動停止報紙連載。

森鷗外的另一個官僚角色，似乎令當事人很苦惱。他於生前將兩種身分區隔得黑白分明，例如，身穿軍服時，若有文壇友人隨意向他搭話，他會很不高興。另一方，他卻又很喜歡穿軍服，畢竟在當時的日本，「軍服」代表高人一等的階級。

官僚身分的「森林太郎」（Mori Rintaro，森鷗外的本名），始終被冠上一個「阻礙腳氣病改善，害死數以萬計的士兵」之罪名。

事情是這樣的。甲午戰爭與日俄戰爭時，前線的軍隊士兵蔓延腳氣病，導致病死的士兵比戰死的士兵多。後來日本海軍軍醫總監主張

三汁七菜　本膳

食　みそ

汁　かつを
　　はりこせう
　　しひたけ

塔　さより
　　鯛の産

坪　小角
　　栗きん
　　小角
　　芝柿味
　　熬くす

二膳

汁　かきたい
　　わさひ

香物　ならつけ
　　　宇治丸のたれ
　　　塩山椒

猪口　柱ひきく柿
　　　柚かうめ
　　　く〳〵

焼物　なまうり
　　　たいみそ
　　　こふ
　　　ほしうどん
　　　松たけ
　　　しゆくつ

三膳

汁　小菜
　　玉子肉
　　かきたい
　　さきえひ
　　くらけ
　　むきはす
　　わさひ

焼物
猪口
煎酒

三膳

小菜
　んぢん
　くきさ

鯛

何詰
　棒割る大皿を
　用る事七分の
　鯛を用る之二十一

又

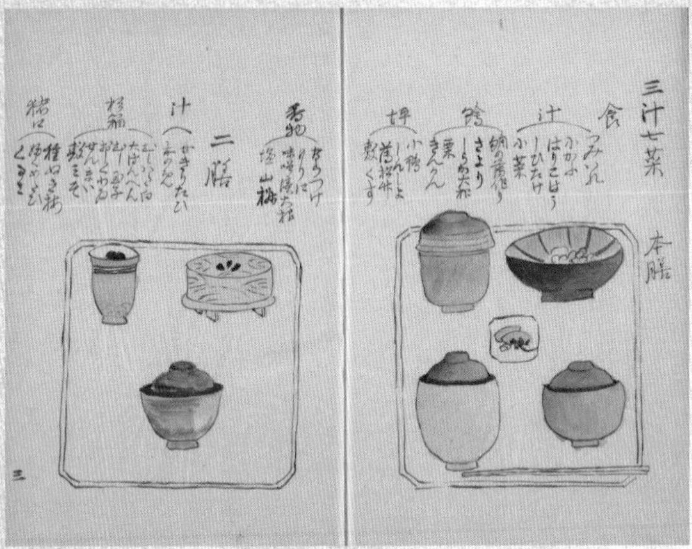

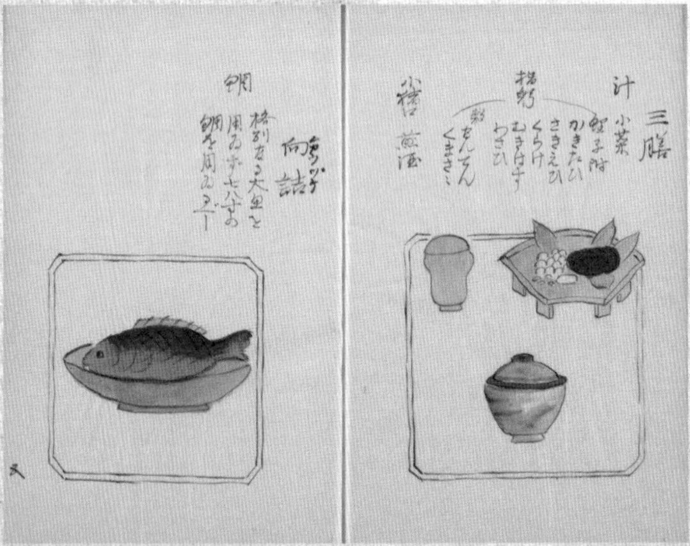

森鷗外親筆抄本

「腳氣病營養說」，陸軍軍醫總監「森林太郎」卻堅持「腳氣病細菌說」，最後導致將近三萬的陸軍士兵死於腳氣病。

坦白說，這件事的背景非常複雜，牽扯到政府內部的官場鬥爭、海軍與陸軍的對立問題、大學與大學之間的面子問題，更與「軍部白色巨塔」派系糾紛有關，實在不能把罪過全推給「森林太郎」背負。

此外，海軍的運輸能力和陸軍的運輸能力完全不同。主張「腳氣病營養說」的海軍可以利用軍艦運輸麥飯，但在地面一步一步移動的陸軍，若要補給麥飯或蔬菜之類的副食，到底需要動用多少人力與運輸工具呢？

再者，當年的陸軍士兵大多是貧農出身，他們甘願入伍迢迢前往前線，為的就是能吃到白晃晃、亮晶晶的白米飯。在「腳氣病營養說」還未被證明出，維生素$B_1$還未被發現時，到底有多少陸軍幹部狠得下心禁止士兵吃國家供應的免費白飯呢？更何況，死於腳氣病的人不限士兵，留在國內的許多老百姓也深受腳氣病之苦。

我覺得，這種專業問題還是交給專業人員去議論。畢竟直至現今，日本國內醫學界也沒有得出任何結論，「批判派」和「辯解派」依舊口沫橫飛地在爭長論短。

我們還是回頭來看看森鷗外的情場風雲。無論任何時代，情場總是比官場有趣。

據說，「森鷗外」這筆名取自「森林太郎」的初戀情人，而「森林太郎」的初戀情人是朋友家某下女。

話說少年林太郎十歲時，看中了朋友家一名下女，對方當年約十五歲。少年林太郎為了見這位初戀情人，經常風雨無阻地到朋友家找下女聊天。使得朋友在日記描述：「林太郎老愛追著我家下女屁股後面跑，真拿他沒辦法。」更害得該下女最終辭了職。

日後，有人在文壇暴露，該下女名叫阿梅。而東京千住有處名為「鷗渡」的渡口，渡口對岸是富商以及文人深愛的別墅地區「小梅町」。「鷗外」的意思正是「渡口對面」的「小梅」，亦即「不忘阿梅」。

不過，東京文京區區公所的正式說明則為，「鷗渡」位於吾妻橋上游，那一帶有吉原遊廓，森鷗外的「鷗外」是「不接近柳陌花巷」之意。

各位看官，你們認為哪一種說法比較正確呢？我當然採取「初戀情人說」。十歲的少年郎正逢性衝動時期，何況森鷗外也寫了曾遭禁止發行的〈性慾的生活〉，怎麼可能是柳下惠呢？

只是，森鷗外本人似乎不把筆名當一回事，他生前用過七十多種筆名，寫文章時也慣常署名「森林太郎」，因此，「鷗外」這筆名很可能是文壇後人硬給冠上的。

我比較感興趣的是黑岩淚香（Kuroiwa Ruikou，一八六二～一九二〇，

森鷗外

思想家、作家、翻譯家、推理小說作家、記者）創辦的《萬朝報》，曾在「弊風一班，蓄妾實例」專欄中揭露了「陸軍軍醫監森林太郎」的蓄妾隱私。

《萬朝報》算是日本八卦新聞的先驅。當時沒有所謂的隱私權，因而《萬朝報》經常手下不留情地刊登一些名人或掌權者的醜聞。

「弊風一班，蓄妾實例」專欄自一八九八年七月七日連載至九月二十七日，內容完全不考慮被曝光的個人情緒，凡是名人蓄妾，均以真實姓名、真實年齡、真實職業、真實地址刊出。罪狀紀錄多達五百一十人。

根據「蓄妾實例」，森鷗外早在第一次婚姻前就有了寵愛的妾，名為兒玉SEKI，時年三十二。

一八九八年時的森鷗外是三十六歲，已是著名作家，《萬朝報》卻故意以「陸軍軍醫監森林太郎」的身分揭開文人森鷗外的另一面。

看來，文人的醜聞似乎無法成為八卦新聞，「陸軍軍醫監」才有看頭。

《萬朝報》描述，兒玉自十八、九歲時便成為森鷗外的妾，為此，森鷗外還特地休掉已懷孕的妻子，打算迎娶兒玉為正室。無奈森家母親不答應，只允許兒子在住家附近金屋藏嬌，讓兒玉終生都當「外妾」。爾來，兒玉及其母親（六十歲）的生活均由森家負責照顧。

森鷗外蓄妾是「事實」，但並非「真實」。《萬朝報》報導名人蓄妾的目的，也不是在責怪男人「蓄妾」這件行為，而是想揭穿當事人「如何看待妾」的生活態度。

一八九八年之前，日本沒有民法，當時的婚姻制度是「一夫一妻多妾」制。也就是說，即便身分是「妾」，在法律上，「妾」也是男人的「專屬女人」，必須履行「貞操義務」，否則生下的孩子不知道父親是誰。

世間人也公認「妾」是「老婆」之一，不但具有繼承遺產的資格，孩子的身分也有法律保證。只有身分既非「妻」也非「妾」的女人所生的孩子，才是真正的「私生子」，完全缺乏法律性的保障。

但是，日本政府於一八九八年七月施行民法，於是「妾」的身價便大降特降，成為「自特定男人定期接受金錢物品的女人」。《萬朝報》進行揭醜運動的目的，正是配合民法，想讓名人表白他們對「妾」的態度。

就這點來說，森鷗外其實是他母親的犧牲者。因為兒玉是他母親找來的。

森鷗外第一次婚姻之所以失敗，也是他母親從中作怪。他離婚後，十三年間始終不肯再婚，正因為他深知無論迎娶任何女人，都不可能和他母親和睦相處。

離婚後數年，森鷗外在九州小倉任職時，接到前妻過世的消息。為此，他在日記中寫了一段悲痛的追悼文，內容提到「因故而離別」。光看這段日記，可以看出森鷗外對前妻並非毫無感情，反之，他很欣賞前妻的文筆才華。

森鷗外的母親峰子在兒子離婚後，特地找了一名長年為森家做事，而且不用擔心生育問題的不孕女子給兒子當「妾」。住居也故意安排在自宅附近，以便兒子能隨時去找她。

但森鷗外對這個母親安排的「妾」似乎不感興趣，他在小倉另有意中人，對方是下女，兩人已經如同夫婦了。峰子本來打算派遣兒玉前往小倉代替那名可能成為森家媳婦的下女，卻被兒子拒絕。

為了女人問題，兒子和母親展開一場拔河大戰。歷經這般那般的，母親峰子終於向兒子提出另一門親事，對方正是最高法院法官的女兒茂子。

結果如前面所說，直至峰子過世為止，婆媳糾紛整整鬧了十四年。

或許，無論「森鷗外」或「森林太郎」再如何掙扎，最終還是無法擺脫母親峰子的控制吧。

若非發生「森家次子與長女安樂死事件」，「森家女帝峰子」恐怕於臨死前一刻也都緊握著森家大權。不過，這又是另一個故事了。

總之，森家內情非常複雜，而且，父親過世後，前妻的孩子和繼室的孩子竟都各說各話，各執一詞。只要看孩子們寫的文章，大致可以想像出那種類似「人間地獄」的家庭內幕。

## 森鷗外小事典

| | |
|---|---|
| **觀潮樓** | 位於東京文京區千馱木森鷗外家，因可以自二樓眺望東京灣，遂取名為「觀潮樓」。森鷗外以此又稱為觀潮樓主人。 |
| **森鷗外紀念館** | 位於島根縣津和野森鷗外出生的舊宅旁，舊宅仍維持原貌，紀念館內則展示其手稿、遺物及著作。 |
| **腳氣病** | 森鷗外雖是習醫出身，但卻因認為腳氣病是細菌引起，甚至認為「征露丸」是治腳氣病的良方，而成為後人的笑柄。 |
| **森林太郎墓** | 森鷗外的墓所位於東京三鷹禪林寺，另外在本家津和野永明寺也有一個墓所。他的遺言中特別提到，墓碑上只能有森林太郎本名。 |
| **本鄉圖書館鷗外紀念室** | 位於東京文京區的森鷗外紀念館。 |
| | |

# 太宰治
# 與他最後的女人

人，活在這世間是為了體驗苦惱
但我又不願意一個人孤單地死去

## 重要事件表

1910 1920 1930 1940 1950

- 1909 太宰治出生於青森縣北津輕郡金木村（今五所川原市）。
- 1911 中華民國成立。
- 1930 進入東京帝國大學法文系，但因加入非法左翼運動而怠惰學業，最後被革除學籍。
- 1931 被津島家除籍，與小山初代結婚。
- 1933 在《東奧日報》首次使用太宰治筆名發表短篇小說《列車》。
- 1937 太宰治與初代殉情未遂便分手。
- 1939 與石原美和子舉行婚禮，並於秋天移居東京三鷹。
- 1941 太田靜子初訪太宰治於三鷹居所。
- 1947 與太田靜子的女兒誕生。發表《斜陽》。
- 1948 《人間失格》發表。太宰治與山崎富榮跳玉川上水自殺。

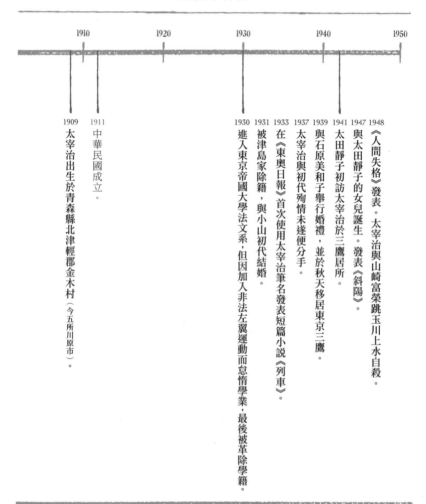

提起太宰治（Dazai Osamu），我這個年代的人，尤其女性，大概會皺起眉頭，搖頭不語。他害死太多女人了。不過，我得先為太宰治辯護一下，我們搖頭，純粹基於他的私生活過於糜爛，並不表示我們「惡烏及屋」，連他的作品也不屑一讀。反之，我個人相當喜愛他的作品（詼諧、正面性的）。畢竟作家的私生活與作品完全是兩回事。

太宰治是青森縣津輕大地主津島家六男。父親是貴族院議員，家中佣人多達三十名，家庭環境非常富裕。小學以第一名成績畢業，中學時被譽為秀才，受眾人矚望。不料，他就讀高中後，接觸了文學，竟整個人都變了。

太宰治十八歲時，因崇敬的作家芥川龍之介（Akutagawa Ryunosuke）自殺，深受打擊，遂放棄學業，開始流連於花柳界。他在青森某料亭認識了十五歲的藝伎小山初代（Oyama Hatsuyo），一頭栽進男女愛欲世界中，也因此與原生家庭產生了裂痕。

二十歲時，急速傾心於左翼思想，為自己是資產家階級出身而煩惱不堪，企圖以芥川龍之介的自殺方法了結人生。豈知吞下的安眠藥量不夠，未能成功。這是太宰治的第一次自殺行為。

第二年，就讀東大法文系。這一年秋天，由於故鄉某地方名紳欲替小山初代贖身，令太宰治慌了手腳，趕忙叫小山上京，兩人在東京過著同居生活。

此舉令故鄉的家人大為失望，並驚嘆萬分，繼父親之後成為一家之長的長兄還特地上京與弟弟談判。長兄雖然答應讓太宰治娶藝伎為妻，但條件是必須從津島家戶籍除名。太宰治答應了，隨同長兄回故鄉，不但為小山贖身，並辦理了除籍手續。長兄則代太宰治與小山家交換聘禮。

可是，太宰治於交換聘禮的第二天，在銀座某咖啡廳結識了有夫之婦的女侍，兩人在一起度過三天後，就跑到神奈川縣鎌倉海岸殉情。翌日，當地漁夫發現兩人時，女侍已斷氣，太宰治被送進附近的療養所養病。這是太宰治的第二次自殺行為。

長兄得知消息後，當然又驚又怒，遣津島家掌櫃前往鎌倉處理後事。這名掌櫃相當能幹，以一筆賠償金同遺族私和，並在警察前來搜查之前，將太宰治租房裡的所有與左翼思想有關的祕密文件全燒毀，幫六少爺逃過一關。事件後，太宰治雖被控「幫助自殺罪」，卻沒有受到法律制裁。

之後，太宰治和小山舉行了訂婚儀式。但因為給長兄帶來太多麻煩，也害死了一名有夫之婦，太宰治的良心深受譴責，只能益發沉溺於左翼運動，並加入「反帝國主義學生同盟」。他完全不去學校上課，不停搬家，提供學生運動據點給同志，和同志一起四處分發運動傳單，印行機關報等。

太宰治二十三歲時，警察終於找上青森津島家長兄。長兄大怒，警告太宰治若不脫離左翼運動，將停止繼續提供生活費。自此，太宰治才在多數文人前輩的指導下，展開他的寫作生涯。

二十六歲時，遭大學開除，想應徵報社，也沒考上，灰心之餘，在鎌倉山中企圖上吊，這回也沒死成。這是他的第三次自殺行為。不久後，即因盲腸炎導致腹膜炎併發，在醫院接受治療時，為了止痛，屢次使用麻醉劑，最後成為藥物中毒者。

同一年，太宰治第一次在商業雜誌發表的小說〈逆行〉，被選為第一屆《芥川賞》候補作品。可惜沒有得獎。當時的評選委員之一川端康成（Kawabata Yasunari）給予「作者目前生活布滿烏雲，我對他無法一展才華而感到遺憾」點評。「烏雲」暗喻自殺事件和藥物中毒。

太宰治看了後，勃然大怒，公然在雜誌發表一篇不用敬稱而直呼大名的〈給川端康成〉。內容諷刺地說：「我全身燃燒著怒火。幾天幾夜都難以入睡。養小鳥、觀賞舞蹈會（針對川端康成的作品《禽獸》）才是高尚生活嗎？我當下決定，要刺殺你。我認為你是個大惡黨。」

後面又寫了一段：「我在你那篇文章中看到『世間』，聞到『金錢關係』的悲哀。」

這段的意思明顯在暗喻評選過程不公正。

川端康成當年四十八歲。他身為文藝獎評選委員，確實應該只看作品的好壞，不應該公開批評作者的私生活。但是，二十六歲的太宰治不能說是小孩子了吧？竟然比小孩子還孩子氣地公開刊登「殺人預告」。事後，川端康成立即刊登道歉文，說明評選過程毫無任何金錢關係，並說要收回「私生活云云」之前言。

但是，第三屆《芥川賞》時，川端康成依舊擔任評選委員之一。這時的太宰治彷彿患上失憶症，完全忘了「我要殺你」那句話，不但私下寄了一本自稱「遺書」的作品《晚年》給川端康成，還附上一封苦苦哀求的信：「請您務必讓我得獎。我毫無耍心機的意願。（中略）

請您賜給我希望。請您賜給我名譽。（中略）請您不要坐視不救。我一定會留下好作品！」

以現代讀者眼光來看，論名氣、論作家的實質收入，《芥川賞》早已敗在《本屋大賞》底下了。不過，對當時的文人來說，《芥川賞》應該是一項至高的榮譽獎吧。何況太宰治極為崇拜芥川龍之介。

由此事件也能看出太宰治出身於富裕家庭的「少爺脾氣」。只是，第三次《芥川賞》時寄給川端康成的私信內容，連我看了也會噗哧笑出，情不自禁想溜進陰間，找出太宰治，再摸摸他的頭，將他摟進懷中，對他說：「你放心，你放心，你的作品即便不得獎，也會流傳數百年的。」

遺憾的是，這回的評審結果竟以太宰治「已非新人」之由，將他的作品自最終候補中除掉。

太宰治深受打擊，藥物中毒症益發嚴重，在四周人的死命勸說

太宰治自畫像

下，終於住進武藏野醫院的精神病房樓。一個月後，他出院時，感覺「眾人都不把他當作人看，自己已經失去做人的資格」。這正是八年後書寫《人間失格》的種籽。

出院後，小山初代向太宰治告白，她在丈夫入院期間和其他男人有了關係。

妻子背叛一事令太宰治再度精神崩潰。他要挾初代陪他到水上溫泉殉情。這是他的第四次自殺行為。

無奈吞服的睡眠藥量似乎不夠，連送醫搶救這道麻煩手續也免了，兩人依然無事。

事後，太宰治和小山初代正式分手。以後將近一年，他都沒有提筆寫作。

太宰治的恩師井伏鱒二（Ibuse Masuji）為了改變弟子的生活，邀請弟子到可以看到富士山的山梨縣別墅客居。太宰治的精神狀況才逐漸穩定下來。

翌年，也就是太宰治三十歲時，由恩師井伏鱒二做媒，同任職高校教師的石原美知子（Ishihara Michiko）結婚。婚後搬到東京三鷹。之後，太宰治的作品逐漸明朗快活起來。

尤其他在三十六歲時，於空襲警報的嗚嗚聲下寫成的《御伽草紙》，連向來否定太宰治作品，一句好話也不願意說的三島由紀夫（Mishima Yukio）亦甘拜下風。

這時期的太宰治已經名滿天下。可是，他因工作過度與過往的酗酒惡習，致使肺結核宿疾惡化，逐步走向死亡。

昭和二十三年（一九四八）六月十三日，三十六歲的太宰治和山崎富榮（Yamazaki Tomie）兩人在玉川上水投河自殺。

這回的太宰治，沒有失敗，他終於結束了「人間失格」的一生。

山崎富榮

六天後，兩人的遺體被發現時，太宰治的遺體由相關人員運送至某小飯館的二樓，亦是太宰治的工作場所。幾個小時後，太宰治的遺體又被放入豪華棺材，運送至別處。

另一方，山崎富榮的遺體則只蓋上一張草席，直至中午過後，一直被擱在堤防上，只有七十歲的老父山崎晴弘（Yamazaki Haruhiro）孤單一人，像被世間人遺忘似地呆立在面目全非的女兒遺體前。

當時，這起聳人聽聞的案件，引起眾多人的關注。

到底是山崎富榮誘引太宰治自殺，或是自殺慣犯的太宰治誘引山崎富榮尋死，亦或雙方於事前商量好的呢？以文壇為首，各方面議論紛紛，滿城風雨。

太宰治的父親是貴族院議員，哥哥是青森縣知事，當事人則為著名作家。與之比起，山崎富榮只是個同有妻之夫情死的女人，是個導致富有才華的作家走上死路的惡女。這是當時一般人對山崎富榮的評價。

昭和23年6月16日　讀賣新聞　（水曜日）　第25670号

虚無を慕いて…

# 太宰治氏情死行

## 愛人と玉川上水へ投身か

## 二人の下駄漂着

心中四日目の太宰氏・愛人の山崎さん

愛の巣に香華を供えて行つた両人の写真

ナゾを秘める小説

女が積極的

## 「左派」が圧倒的

国鉄労組の"中闘委"新発

一泊千円、フ

《讀賣新聞》刊登太宰治和山崎富榮殉情的消息

不過，根據山崎富榮與太宰治認識後，直至兩人一起情死之前所記載的手記內容，可以浮現出山崎富榮的真正面貌。

山崎富榮生於大正九年（一九一九），高等女學校（相當於現代的高中二年級）畢業後，在YWCA學習英文和戲劇。父親山崎晴弘在東京御茶水設立了日本國內第一家美容學校時，山崎富榮不但參與經營，也負責掌管位於銀座的另一家美容院。

山崎富榮二十五歲那年，同三井物產公司職員結婚，但新婚生活僅過了十多天，丈夫便單身前往三井物產馬尼拉分公司赴任。之後，被派到戰場，自此行蹤不明。

戰爭結束後，山崎富榮陸續在鎌倉、三鷹等地的美容院工作，昭和二十三年（一九四八）三月某天夜晚，經由美容院朋友的介紹，在三鷹某家賣烏龍麵的露天攤子與太宰治認識。這一年，山崎富榮正值二十九歲。

兩個月後，山崎富榮和太宰治成為露水夫妻。

太宰治向山崎富榮提議：「妳願不願意冒死和我談一場戀愛？」

山崎富榮回說：「假若要談戀愛，我想談一場冒死的戀愛。」

以下是她在日記中記載的內容。

我明白身為孩子的若比父母先死，是一種不孝行為。只是，我遇見了一位在所有男人中，沒有人能比得過他的人。或許爸爸您無法理解我這種心情。

只要太宰先生還活在這世上，我也會一起活著。但是他終究會死。因為他深愛日本，深愛人，深愛藝術。

請爸爸諒察一個已經身為人父，卻必須留下孩子，而且必須選擇自殺這條路的人的悲哀。

想到父母的晚年，我也很傷心。

可是，每個當孩子的人，也總有一天都要離開父母。

每個人都免不了死。

（中略）爸爸，請您原諒我。

我只能選擇這種活法。

如果太宰先生是爸爸的兒子，爸爸一定也會很愛他，他正是這種人。請爸爸讓我在黃泉之下保佑您吧。

我愛的，是身為一個凡人的津島修治[1]。

從字面上判斷，此時的山崎富榮和太宰治似乎已經決意尋死了。

這一年，太宰治的妻子生下第三個孩子。十一月時，太宰治的情婦太田靜子（Oota Shizuko）也生下一個女兒。山崎富榮則在七月收到丈夫戰死的正式通知單，同樣在這個月，太宰治向山崎富榮表明想自殺的決意。

山崎富榮在十二月三十日的日記中，寫了如下的內容：

註1——津島修治（Tsushima Syu-ji）是太宰治的本名。
此處的意思是說，我愛的並非擁有盛名的作家太宰治。

身為女人，無論她的生活樣式如何，就一般所謂的幸福標準來說，不得不一個人活下去這件事是一種不幸。

即便擁有充裕的物質環境，即便在別人眼中似乎過得很幸福，但這種幸福和世間一般人所說的幸福，性質完全不同，尤其進一步深入當事人的內心世界時，便會明白該人其實離富足優裕的狀態很遠，日子過得很寒傖。

對這種最脆弱的人，世間不但不給予同情，有時甚至以白眼對之。

這時期的山崎富榮已經辭去美容院的工作，獨當一面地負起看護太宰治的病狀兼秘書等身邊瑣事的責任。不僅如此，她還將自己約二十萬圓的存款，全花在太宰治的飲食費和藥物費以及訪客的款待費上。

換句話說，這時的山崎富榮一個人身兼太宰治最後的母親、秘書、護士、情婦四種角色。

第二年，太宰治雖然執筆寫下《人間失格》、《最後告白 GoodBye》

等作品，病狀卻逐日加深。

男女之間的內情並非第三者能夠理解的。不過，太宰治自從認識山崎富榮後，在僅僅一年的期間中，寫下他的代表作之《斜陽》、《櫻桃》、《人間失格》等作品，卻是一件不爭的事實。

山崎富榮確實打心底深愛著太宰治。可是，太宰治到底有沒有真心愛過山崎富榮，時至今日，任何人都無從知曉了。

## 太宰治小事典

| | |
|---|---|
| **斜陽館** | 即太宰治小時候的家，後來以太宰治的小說斜陽命名，一九九八年改建為太宰治紀念館。 |
| **櫻桃忌** | 太宰治自殺成功後，其遺體在其生日六月十九日被發現，日本人將生日忌日同天稱為「櫻桃忌」。這天也會在太宰治出生地的芦野公園舉行「太宰治生誕祭」。 |
| **天下茶屋** | 位於山梨縣河口湖町的天下茶屋，太宰治曾留宿於此。現在二樓仍有「太宰治文學紀念室」展示著他當時用的書桌和火鉢。 |
| **太宰治墓** | 位於東京三鷹市禪林寺，與森鷗外（森林太郎）在同一個地方。 |
| **太宰治<br>文學沙龍** | 在東京三鷹市本町通，「伊勢元酒店」原址是太宰治曾經住宿過的居所，一樓為「太宰治文學沙龍」，展示著太宰治的相關資料。讓喜歡太宰治的讀者可在此舉辦活動、交流。 |
| | |

# 小林一茶
# 與他的妻子

不要打哪，蒼蠅搓他的手，搓他的腳呢
故鄉啊，觸著碰著的，都是荊棘花

## 重要事件表

1760 1770 1780 1790 1800 1810 1820 1830

1763 **小林一茶出生於信濃國水內郡柏原村。**

1773 為反抗英國壟斷茶葉貿易，發生波士頓茶葉事件。

1775 美國獨立戰爭爆發。

1776 美利堅合眾國發表獨立宣言，正式宣布獨立。

1787 **小林一茶拜葛飾派俳諧詩人二六庵竹阿為師。**

1791 **改號為俳諧寺一茶。次年起在京都、中國、九州和四國等地流浪。**

1801 海地制立憲法，廢除奴隸制度

1814 **與妻子阿菊結婚。**

1815 拿破崙在滑鐵盧戰役中慘敗。

1827 **小林一茶去世。**

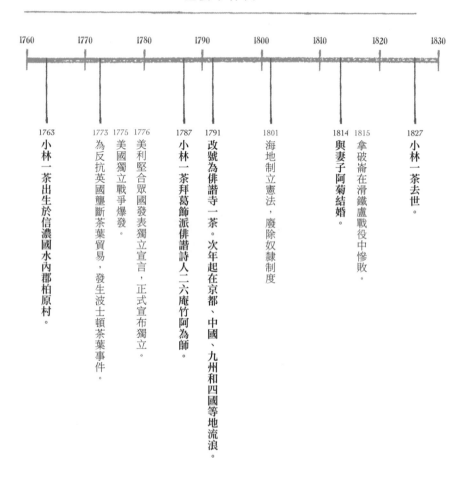

小林一茶（Kobayashi Issa）是江戶時代末期的俳諧師代表之一，亦是繼日本俳聖松尾芭蕉（Matsuo Basho-）之後最著名的俳人之一。他的俳句均本著庶民立場觀點，並以通俗易懂且質樸的言詞而作，具有獨特的溫暖情意，風格鮮明。

代表性俳句如下：

雪溶了　村裡擠滿了　兒童呵
悠閒地　觀望高山的　青蛙呵
雛麻雀　趕快靠邊站　馬來也
明月啊　摘下給我玩　孩子哭

寫出如此超然悠閒俳句的小林一茶，一生卻是命途坎坷。

小林一茶生於長野縣北部上水內郡信濃町柏原村，本名彌太郎（Yataro-），父親是中農階級。三歲時喪母，八歲時，父親娶了個繼母。這個繼母視小林一茶為眼中釘，鄰居小孩也經常嘲笑一茶是個沒有母親的孩子，小林一茶的孩提時代過得極為孤獨。

無娘的孩子，到處有人知，咬著指甲站門口

跟我來，一起玩，沒娘的麻雀兒

這兩首兒時記憶的俳句非常有名，幾乎是綽號「繼子一茶」的代表。

繼母生下孩子後，小林一茶成為同父異母弟弟的保姆，不但要替弟弟換尿布，也要成天抱著背著地哄。只要弟弟哇地發出哭聲，繼母便會趕來當面唾罵。白天到田裡幫忙農活，夜間還要借窗下月光編製草鞋。

一茶十五歲時，他父親深恐後母過於疼愛親生子，日後可能會發生大問題，便命一茶前往江戶當長工。

長工的日子不好過，但一茶在江戶與俳句邂逅，不知何時起，竟在江戶俳諧界逐漸顯露頭角，並自稱「乞食首領一茶」。之後，他離開江戶，在全國各地輾轉流浪，日子過得極為窮困。

小林一茶三十九歲時，父親過世。他和繼母、同父異母弟弟為了遺產起糾紛，紛爭長達十二年。直至五十一歲過後，一茶才得以返回故鄉。

至此為止，小林一茶因為沒錢也沒有固定居所，始終過著單身漢生活。

不過，待他繼承了父親的遺產，並在故鄉定居後，總算有能力結婚。此時，小林一茶已經五十二歲，遲來的青春正式開幕。

對方是比小林一茶小二十四歲的阿菊（Kiku）。娶了年輕老婆，一茶的男人慾望開始熊熊燃燒起來。

小林一茶大概太高興了吧，每天在日記一絲不苟地記錄下自己和妻子的行房次數。一天行房三次是理所當然，而且無論行房幾次也不厭倦。

日記上處處可見他特地入山採摘強精壯陽的藥草，或託人尋求焙乾蛇粉的記述。他會做到這種程度，可見他多想和妻子一起睡。[1]

五十婿　蒙住頭與臉　扇子呵

即便如此，他仍留下前述那首俳句，看來他本人對自己年過半百之後才娶妻一事也感到羞恥。

小林一茶會如此熱心地和妻子行房，可能不是只為了滿足自己的性慾。他似乎很想建立幸福的家庭。他甚至在日記上以遺憾的口氣描述，自己那麼拚命努力，沒想到妻子的月事竟到來。

然而，不知是不是妻子阿菊的健康狀況無法配合精力絕倫的小林一茶，阿菊於三十七歲過世。她為丈夫生下的四個孩子也一個接一個地早夭。

小林一茶在五十七歲那年元旦作了一首俳句。剛好是他

註1——江戶時代中期至末期，很流行傳自中國大陸的偏方，尤其將保持原形的動、植物放入土器乾蒸後，再磨成粉末的偏方極受好評。據說蝮蛇能強精，青蛇能治性病，蠑螈是夫妻行房時的妙方，但不知藥效如何。

失去寵愛的長女那年。

恭賀日　不喜亦不憂　吾之春

俳句的意思是，元旦雖是喜日，但我身邊發生了各種事，所以我無法由衷恭賀新年。這首俳句反映出小林一茶當時的心情，他已經逐漸分不清自己於婚後到底是幸或不幸了，亦是小林一茶的代表俳句之一。

為什麼小林一茶的孩子各個都無法健健康康地成長呢？根據某學者猜測，小林一茶可能染上了梅毒，再透過妻子，孩子也感染上梅毒。

總之，對阿菊來說，長達十年的婚姻生活，可以說幾乎都耗費在和丈夫行房以及生孩子這件事上。

日出至日沒，阿菊整天被工作纏身。農活、撫育幼兒、打掃、炊事、洗衣等，白天的工作已經夠疲憊了，每天夜晚還得忍受小林一茶那怒濤般的攻擊。

丈夫一茶終日忙著出遊。在家時，晨酌可以喝到變成晚酌；外出時，著一身茶人禮服，在肩輿上搖來晃去地遠去。

左鄰右舍們都在田裡滿頭大汗地幹活。村裡人到底會如何看待這樣的小林一茶呢？他們的反感當然會彈回到阿菊身上。而且，到底會以什麼方式反彈到阿菊身上，完全可以想見。

妻子過世後三個月，小林一茶作了如下這首俳句。

真希望　有人發嘮叨　於暮秋

想到一茶在六十歲過後，接二連三失去妻子和孩子的處境，這首俳句讀來頗令人感到心酸。

之後，小林一茶於六十二歲時再婚。這回的妻子也是比他小二十四歲，當時正值三十八歲的阿雪（Yuki）。只是，阿雪受不了一夜要求行房五次的丈夫，過門僅三個月便回娘家了。

離婚後不久，小林一茶因第二次中風發作，病倒在弟子家，且陷於失語症。即便如此，他依舊精力充沛，兩年後，同膝下有孩子，三十二歲的妻子八百女（Yao）三度結婚。

第二年，一茶的村落發生大火，是一場燒掉八十三家的大火災。此時，一茶家也遭延燒，夫妻倆只得住在土牆倉房。

向來恬淡灑脫的一茶似乎也因此事而十分沮喪，第三次中風發作。同年十一月十九日，於土牆倉房中結束了他的一生。享年六十五。

小林一茶過世時，八百女已有六個月的身孕，次年四月，生下遺孤八多女（Yata）。八多女於日後招贅，繼承了小林家，直至今日。

請大家再觀賞一首小林一茶的俳句。

貓咪叫　扮了個鬼臉　拍球呵

這首俳句的言外之意是有個小女孩在拍

小林一茶夫妻最後住的倉房

小林一茶銅像

手毬，貓咪過來咪咪叫個不停，想要和小女孩一起玩，但小女孩對貓咪扮了個鬼臉，繼續玩自己的拍球遊戲。季語是「拍球」，表示農曆春節。

「俳句」是日本古典短詩，由五、七、五三句，總計十七個音節組成，並受暗喻季節感的詞「季語」限制，要求嚴格。原為「俳諧連歌」（由一組詩人輪番即興創作，每一句都必須與上一句銜接的詩歌遊戲）的首句，松尾芭蕉以後成為獨立的表現形態，至明治時代正岡子規（Masaoka Shiki）之後才改稱為「俳句」。

「俳句」的句子很短，簡潔含蓄，意在言外，禪味很濃。主要描寫情景，讓讀者自己去意會弦外之音，因而俳句很難翻成其他語言。

這篇文章中的俳句都採取直譯方式，不加油添醋，也不刻意加字成「七、五、七」音形式，希望讀者只讀其意境，莫怪我翻得過於簡略。

## 小林一茶小事典

| | |
|---|---|
| 一茶<br>紀念館 | 位於長野縣信濃町，<br>除了展示小林一茶相關資料外，<br>每年還會舉辦一茶忌俳句大會。 |
| 小林一茶墓 | 位郰長野県上水内郡信濃町的小丸山墓地。 |
| 一茶館 | 位於長野縣高山村。 |
| 一茶双樹<br>紀念館 | 位於千葉縣流山市，<br>同時紀念小林一茶和秋元双樹兩位俳人。 |
| 文學碑 | 小林一茶的文學碑在散布日本各地，<br>其中以長野縣二百四十八個為最多。 |

# 專業人士

華岡青洲

楠本稲

雪舟

千利休

# 日本醫聖
# 華岡青洲

全世界第一位使用全身麻醉
成功完成乳癌手術的外科醫

# 重要事件表

1760 1770 1780 1790 1800 1810 1820 1830 1840

- **1760 華岡流外科創始者華岡青洲出生。**
- 1774 法國國王路易十六繼任。
- 1775 美國獨立戰爭爆發。
- **1782 至京都跟隨吉益南涯醫師學習傳統醫術。另外與大和見立研習當時稱為蘭醫的外科醫術。**
- 1783 簽訂《一七八三年巴黎和約》，英國正式承認美利堅合眾國成立。
- **1785 開業行醫。**
- 1801 海地制立憲法，廢除奴隸制度。
- **1805 完成全世界首次使用全身麻醉的乳腺癌摘除手術。**
- 1820 中國清朝道光帝繼位。
- **1835 華岡青洲去世。**

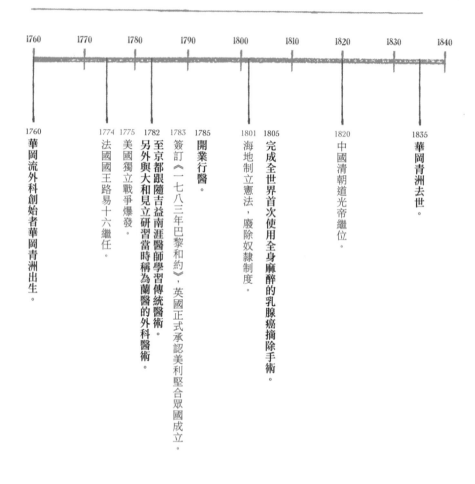

一八〇五年（文化二年），日本醫聖華岡青洲（Hanaoka Seishu-）成功完成全世界首次使用全身麻醉的乳腺癌摘除手術。比美國使用乙醚麻醉手術早了四十年。由於成功完成劃時代意義的手術，華岡青洲一躍成為日本首屈一指的外科醫生。

當時，因為外科治療無法施行麻醉，患者必須忍受劇痛。華岡青洲認為唯有利用麻醉讓患者睡著，其間再進行治療，除此之外別無他法。

華岡青洲是紀州（和歌山縣）那賀郡那賀町平山村醫生華岡家長子，家裡世代都是醫生，父親是外科醫。他從小便目睹許多令祖父或父親束手無措，最終只能死去的病人。

二十二歲時，他懇求父親讓他到京都學習新醫術。但華岡家有八個孩子，而且，當時的醫生不像現代的醫生那樣能賺錢，尤其世代都是村醫的華岡家，通常採取有錢收錢，沒錢收農作物的方式，因而在經濟方面上不是很富裕。

弟妹們見狀，一齊拜託父親讓哥哥出遠門學習新醫術，華岡家才東湊西湊地湊出一筆錢讓長子到京都留學。

京都聚集了眾多研究歐洲醫術或中國醫術的先進醫生。華岡清洲在京都研習時，讀了有關中國神醫華佗的書籍，得知華佗曾使用獨創的藥劑「痲沸散」讓患者睡著，之後施行剖腹手術的故事後，逐漸夢想成為「日本華佗」。

華岡青洲在京都學了三年，其間，不但學了德國醫術，也學了東洋與荷蘭合璧的外科醫術。二十五歲時返鄉，開始行醫。

他一方面進行治療，一方面栽培藥草，潛心研究麻醉藥。他把藥劑用在狗、貓、鳥等動物身上，反覆實施動物實驗，經歷多次失敗，總算完成還算稱心的藥劑。

藥劑的主成分是一種名為曼陀羅華（朝鮮牽牛花）的藥草。然而，藥劑完成之前，青洲年僅三十一歲的妹妹因乳腺癌過世。在無法施行手術摘除腫瘤患部的當時，乳腺癌是一種可怕的不治之症。

這位妹妹為了哥哥，始終沒有結婚，一直陪在哥哥身邊當護士，或利用織布機設法織出類似繃帶的布條等醫療輔助用具。因此妹妹過世時，華岡清洲悲痛萬分，益發埋首研究麻醉藥。

妹妹過世幾年後，華岡青洲終於成功研製出麻醉藥。

據說最初使用試劑的三毛貓，整整睡了三天，醒來時還精神飽滿地翻了個筋斗。可是，藥劑對貓雖然有效，但若想實際用在手術，必須確認藥劑對人體是否有效。

**曼陀羅華**／朝鮮牽牛花

主動報名當人體實驗者的正是華岡青洲的母親和妻子。

曼陀羅華是具有劇毒的植物，是毒藥亦或良藥，僅有分毫之差。華岡青洲自己也不清楚藥劑用在人體上到底會產生什麼副作用，遲遲不敢進行實驗。

青洲四十歲時，受不了婆媳之間的實驗者報名競爭，終於決定讓母親和妻子加惠（Kae）當實驗者。青洲的母親因實驗而去世，加惠則因多次服用藥劑而逐漸失明。

加惠明知自己的視力殘障是基於藥劑的副作用而起，卻沒有停止服藥。正因為妻子的捨身，華岡青洲終於完成盼望已久的麻醉藥「通仙散」。

一八〇四年十月十三日，四十五歲的華岡青洲施行了全球首次使用全身麻醉的乳腺癌摘除手術，結果成功了。第一位患者是得了乳腺癌的老婦人，她以「即便喪命也無所謂」之由，懇求青洲為她做手術。

「通仙散」是內服藥，服用後約兩小時才起作用，四小時後方能動手術開刀，藥效約持續六至八小時。

歐美諸國於十六世紀便有乳癌切除手術的例子，但因為沒有麻醉藥，無法割得太深或太廣，對病人或醫生來說，手術結果往往兩敗俱傷。而在當時的日本，乳房被視為女性的要害，亦是無法動手術的臟器之一。

華岡清洲在施行乳癌手術之前，曾醫治過一名被牛角扯下整個乳房的村婦。該名村婦雖然失去了乳房，卻保住性命，康復後，日子過得與一般人毫無兩樣。

這正是華岡清洲對乳癌手術信心十足的最大理由。

他用手術刀和剪刀，只摘除發硬的癌部位，沒有割下整個乳房，相當於現代的「乳房保留手術」。老婦人於手術後二十多天，便康復至可以啟程返鄉的程度。不過，四個月後，老婦人過世了。後代醫生們從留下的病症及手術圖紀錄推測，可能癌細胞已經侵蝕全身，無法挽救。

第一起乳癌手術例子成功後，華岡清洲為了把使用麻醉藥施行手術的醫術傳給後輩醫生，開了一家私塾「春林軒」，據說學生多達千人以上。

他和學生一起使用麻醉藥，接二連三地挑戰至今為止無法動手術的兔唇、腫瘤、壞疽、尿道結石等難治之症。光是乳腺癌摘除手術就有一百五十二例。而且還創出各種手術用具，被稱為「華岡流外科用具」普及於世。

華岡青洲以紀州藩御典醫身分於七十六歲過世，小他兩歲的妻子加惠在過了二十多年的失明生活後，比丈夫早一步於六十八歲與世長辭。

清洲在世的時代正是日本江戶時代末期，歐美大事是美國獨立戰爭、法國大革命、拿破崙即位稱帝等。

兩百多年後，日本青森縣國立弘前大學醫學系名譽教授松本明知（Matsumoto Akitomo）先生（麻醉科），從日本全國二千餘寺院的鬼錄中，找出三十三名當時的病患死亡日期紀錄，進行調查。

結果得知，華岡清洲乳癌手術病患的生存期間最短為八天，最長為四十一年，平均年數則為二至三年。據說以現代醫術來看，這是極為優秀的成績。

華岡清洲不僅是一流醫學者，也是一流文化人。他的醫療理念是「內外合一，活物窮理」；「內外合一」意味內科與外科雙管齊下，「活物窮理」表示醫治活人時，必須熟知人體構造，並仔細觀察患者的心理與病症特徵。

此外，從他作的漢詩，也可以窺見他的人生哲學。

竹屋蕭然烏雀喧

風光自適臥寒村

唯思起死回生術

何望輕裘肥馬門

至於「痲醉」一詞，是江戶時代末期蘭學者兼天才翻譯家的杉田成卿（Sugita Seikei）[1]，於美國使用乙醚痲醉手術四年後的一八五〇年，將荷蘭語的「anesthesia」翻成漢字「痲醉」。

不過，日本齒科醫師會出版的《齒科醫事衛生史》一書中，提到明治三十九年（一九〇六），日本國會討論有關齒科醫師法其中一條「是否允許齒科醫施行全身痲醉」時，將「痲醉」一詞記錄為「魔睡」。

「痲醉」（Masui）與「魔睡」的日語發音都一樣。

按字面看來，「魔睡」似乎比較恰當？

註1——一八一七～一八五九，人體解剖學書籍《解體新書》譯者杉田玄白（Sugita Gempaku）的孫子。

## 華岡青洲小事典

| | |
|---|---|
| **華岡青洲彰顯設施** | 華岡青洲出生在和歌山，這裡設立了紀念他的區域，其中包括了：青洲之里的顯彰紀念公園、紀念館、春林軒（原來的診療所復原，華岡家的墓也在此）、紀念碑……等。 |
| **紫雲膏** | 據說原是中國《外科正宗》的處方，華岡青洲在日本發揚光大。可用在蚊蟲咬傷、火傷、燙傷、刀傷……等，是家庭常備用藥。 |
| | |

# 日本史上第一位婦產科女醫師
# 楠本稻

飽受歧視的碧眼混血兒
亦可垂名竹帛流芳百世

## 重要事件表

1820 1830 1840 1850 1860 1870 1880 1890 1900 1910

- 1823 西博爾到日本長崎開設「鳴瀧塾」，行醫之外並教授西洋醫學。
- 1827 楠本稻出生。
- 1828 西博爾德事件爆發。
- 1830 法國七月革命爆發。
- 1836 二宮敬作開始培養楠本稻學習外科醫術。
- 1840 第一次鴉片戰爭爆發。
- 1852 與石井宗謙生下一女。
- 1854 與當時大村益次郎學習西洋醫術。
- 1870 楠本稻在東京築地開設了婦產科醫院。
- 1889 楠本稻正式宣告退休。
- 1903 楠本稻去世。

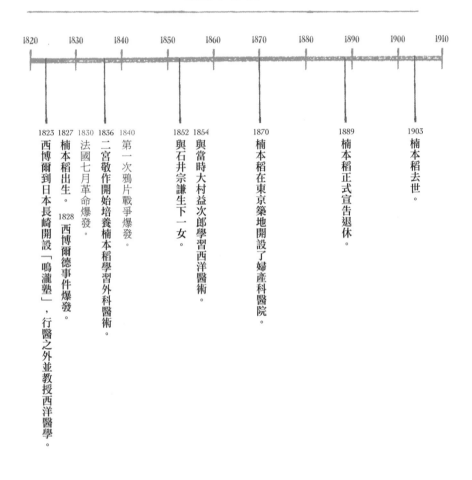

西博爾德（Philipp Franz Balthasar von Siebold）是德國醫生兼博物學者。一八二三年，西博爾德二十三歲時，以荷蘭商館[1]醫師身分前來日本。他在長崎開設「鳴瀧塾」，進行醫療行為並教授西洋醫學，影響日本的西洋醫學甚鉅。

西博爾德在日本活躍期間，認識了妓女出身的阿瀧（Taki），生下私生女楠本稻（Kusumoto Ine）。楠本稻生於一八二七年，這一年，父親西博爾德三十二歲，母親阿瀧二十一歲。

楠本稻出生後第二年，發生了日本史上著名的「西博爾德事件」。西博爾德在任期屆滿打算回國之際，湊巧遭遇颱風，乘船遇難，被沖到長崎對岸，為了卸貨，相關人員調查了船上所有貨物。

結果在這些貨物中，出現了日本地圖、繡有德川幕府標

註、1 —— 日本在江戶鎖國時代只允許通過長崎港內的扇形人工島出島與西方進行貿易，當時的出島是日本對西方開放的唯一窗口，亦是外國人居留地，荷蘭商館是荷蘭東印度公司長崎貿易站。

誌的葵紋衣服等眾多觸犯國家禁令的貨品，於是以西博爾德為首，他的朋友和弟子，以及幕府相關人士等五十多人均受株連，大約有一年期間，日本官界和學界都遭到西博爾德狂風吹襲。

一年後，西博爾德被判驅逐出境，不得再次渡海入日本；同年十二月，西博爾德自長崎乘船歸國。

西博爾德離開日本時，阿瀧二十三歲，楠本稻三歲，母女倆自此步上苦難之途。

阿瀧為了生活同商人結婚。之後，在女兒年屆十四歲時，她決定把女兒託付給西博爾德的門生伊予（愛媛縣）宇和島藩的二宮敬作（Ninomiya Keisaku）。

二宮敬作在西博爾德門下學了六年，精通外科。「西博爾德事件」發生時，他也遭連累而下獄。坐了半年牢之後，被判禁止出入江戶，亦被逐出長崎，只得回故鄉。

楠本稲

日後，他在宇和島開了一家醫院，把楠本稻叫來伊予，讓她接受醫學教育，並把她培育成日本史上第一位婦產科女醫師。楠本稻在恩師二宮敬作之處，起初先學習外科課程。

楠本稻十八歲那年，由於二宮敬作的推薦，她在岡山開業醫師石井宗謙（Ishii So-ken）底下，學了七年產科醫術。

石井宗謙也是西博爾德的門生之一，特別精通產科，也擅長荷蘭語。楠本稻在他身邊不但學了產科的臨床醫術，也擔任產婦分娩工作的助手。

宗謙比楠本稻年長三十一歲，除了正式夫人，另有公認的小夫人。然而，楠本稻二十五歲那年，某天，她在船上遭宗謙姦污，雖然僅一次，卻懷孕了。日後，西博爾德時代的同窗們，因此事對宗謙加以相當於開除名籍的制裁。

基於前述因緣而生下的私生子，楠本稻以「上天免費授予」

之由，給孩子取名為「免」（Tada）。後來，宇和島藩主伊達宗城（Date Munenari）下了一道可以改名的指示，「免」才改名為「高」（Taka）。

回到長崎的楠本稻，將女兒託付給母親阿瀧養育，繼續在長崎醫師阿部魯庵（Abe Roan）手下學了三年的產科醫術。這期間，身在宇和島的二宮敬作恐怕因擔憂弟子的往後，而過得坐立不安吧。

一八五四年，楠本稻年屆二十八歲時，二宮敬作奉命前往長崎辦事，由於放不下悲痛度日的楠本稻，於是帶她回宇和，讓她待在自己身邊幫忙醫療工作。這時，楠本稻又幸運地與當時客居宇和島的大村益次郎（Oomura Masujiro-）[2]邂逅，在他底下學習西洋醫術。

大村益次郎是聞名的西洋醫術秀才，因政治因素而潛伏於長洲，剛好在這時期接受宇和島藩主伊達宗城的召聘，客居宇和島，為藩士講授西洋醫術。另一方面也為官方翻譯西洋軍事書，研究並

註、2——明治維新十傑之一。

製造西洋軍艦。

除此以外，楠本稻也跟隨長崎出島的荷蘭海軍醫官彭佩（Johannes Lijdius Catharinus Pompe van Meerdervoort）、Bauduin（Anthonius Franciscus Bauduin）軍醫、Mansveldt（Constant George van Mansveldt）軍醫等人磨練醫術。

一八五九年，西醫彭佩在長崎西坂刑場進行了死囚的屍體解剖。這時，據說聚集了四十五名醫師和一名女醫師。其中那名女醫師正是楠本稻。

同一年，久違三十年再度前來日本的西博爾德，於出島的商館館長房間，和阿瀧、稻、高母子三人實現了涕淚交加的會面心願。之後，楠本稻便直接接受父親的醫術教授。

換句話說，楠本稻等於集當時東西方一流醫學者和西洋醫學者的教育於一身。她身邊環繞著第一流的教授陣容。

明治三年（一八七〇）二月起，楠本稻在東京築地一番地開設了婦產科醫院。時值四十一歲。日本史上第一位女醫師便如此出世。

明治六年（一八七三）七月，明治天皇側室權典侍葉室光子（Hamuro Mitsuko）分娩時，楠本稻奉宮內省之命進宮服務。不過，這時生下的皇子於第二天即過世。

明治十六年（一八八三）也再度進宮主掌宮中的分娩大事。由此可見，世人均對楠本稻的醫術手腕給予極大評價。

明治政府於明治八年（一八七五）引進醫術開業考試制度，通過考試的人可以領取醫師執照。但是，身為女性的楠本稻沒有資格參與考試。

兩年後，楠本稻關掉東京的醫院，回家鄉長崎。這時的楠本稻已經五十一歲。

明治十七年（一八八四），政府雖然認可了女醫師執照，但只限定正式從學校畢業的人，不允許自學者參與考試。年屆五十七歲的楠本稻，推斷自己能合格的可能性極小，從此以後，她就以「接生婆」的身分開業。

楠本稻於明治三十六年（一九〇三）在東京過世。享年七十七。

歷經日本幕末時代至明治時代的亂世，並戰勝了碧眼「混血兒」這種不利出身處境的楠本稻，她的一生完全不愧於她那偉大的父親西博爾德之名。

她是位肩負挑戰醫學、學習荷蘭語、未婚媽媽等重擔，仍秉著堅強意志和精神堅決活到底的女性。

遵照楠本稻留給女兒楠本高的遺書，目前的楠本稻和母親阿瀧、恩師二宮敬作，一起在長崎市寺町晧臺寺的楠本家墓地安眠。

## 楠本稻小事典

| | |
|---|---|
| **蘭學** | 江戶時代時，經荷蘭人傳入日本的學術、文化、技術等總稱，雖說是荷蘭學術，但可引申為西洋學術。 |
| **西博爾德像** | 位於東京都中央區築地七丁目的あかつき公園。 |
| **西博爾德紀念館** | 位於長崎市，館內保存著楠本稻的產婆申請書、遺書……等相關資料的複本。 |

# 日本水墨畫畫聖
# 雪舟

悉心研習禪學朱子學
無師自通揮灑雲山樹

# 重要事件表

1410 1420 1430 1440 1450 1460 1470 1480 1490 1500 1510

- 1405 鄭和第一次下西洋。
- 1420 雪舟出生。
- 1431 雪舟進入相國寺學習。
- 1464 離開相國寺，前往周防國。大內政弘賜他「雲谷庵」作畫。
- 1467 訪問大明。《四季山水畫》就是他訪華期間完成。
- 1469 雪舟自大明返國。
- 1477 日本應仁之亂結束。
- 1487 明朝科舉開始使用八股文考試。
- 1502 創作《天橋立圖》，是他藝術成就的巔峰。
- 1506 雪舟去世。

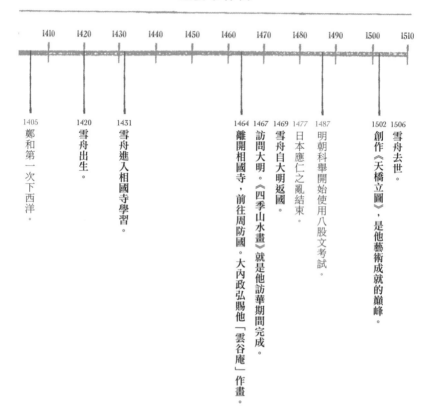

備中國（岡山縣西部）井山寶福寺一房，幾個小沙彌各自端坐在自己的小書桌前，一股勁兒埋首用毛筆抄寫經文。

偶爾抬頭偷窺鄰座人的抄寫進度，又偶爾因墨汁沾到臉上，彼此扮鬼臉嘲笑對方。這些小沙彌年齡平均約十歲左右。

有個小沙彌坐在房間窗口旁，手中毛筆揮灑自如。時而望向窗外，再回頭刷刷於紙上信筆塗鴉。一張又一張，速度快得驚人。

鄰座小沙彌隨意瞄了一眼拋在地板的紙張，瞪大眼睛喊：

「喂，小心師師父回來看到了，你又要挨罵。」

「放心，師父要到傍晚才會回來，到時候我再胡亂寫幾個大字，把紙張塗黑，師父就看不到了。」

原來這個小沙彌不是在抄寫經文，而是在畫畫。用墨汁在白紙畫出的公雞、兔子以及庭院中的小鳥、竹林，每張都栩栩如生，呼之欲出。

就在小沙彌畫完一張肖像速寫，對著紙上橫眉豎目、怒髮衝冠的和尚扮鬼臉時，冷不防有人抓起小沙彌脖子後衣領，一把將他提起。

小沙彌回頭看了一眼，馬上大聲求饒。提早回來的師父一語不發地將小沙彌綁在正殿柱子，無論小沙彌如何求饒都聽而不聞。

傍晚，廚房傳來水聲，想必大家在準備晚餐。

小沙彌肚子咕咕唱起空城計，只好再度大聲求饒。

但師父依然充耳不聞。小沙彌乾脆放聲大哭。

哭了一陣子，小沙彌發現腳底有一灘積水，用腳趾觸摸，感覺涼涼的。

原來是淚水。

小沙彌收回腳趾時，漆黑地板出現一道筆劃，有如白紙上的墨汁。小沙彌忘了哭泣，就用腳趾在地板畫起畫來。

湊巧師父偷偷來到正殿，想看小沙彌到底在做什麼。

結果師父看見小沙彌腳底蹲著一隻大老鼠。師父心裡一慌，趕忙連連發出噓聲想趕走老鼠。來到小沙彌面前一看，才知道老鼠是用淚水畫出的。

「嗯……上當了。可是，畫得真像，好像活生生的老鼠，嗯……嗯……」師父望著地板上的老鼠嘖嘖讚嘆。

於是師父饒了小沙彌，鬆開繩索，叫他到廚房吃飯。

小沙彌一溜煙跑開後，師父依然望著地板上的老鼠，一副若有所思的樣子。那以後，師父便有事沒事地喚小沙彌到房間來。

因為師父本身也很愛畫畫，時常畫些達摩或仙人，並在畫上題些詩詞。師父喚小沙彌的目的只是吩咐他在一旁磨墨或端水奉

井山寶福寺

國家指定名勝豪溪

茶。但對小沙彌來說，這類小差事比抄寫經文有趣多了。

離寶福寺約八公里的深山有一處名為「豪溪」的名勝，四周有不少奇岩絕壁，是山水畫寫生佳景。師父時常帶小沙彌來此寫生，也讓小沙彌自己作畫。

時日一久，師父也看出小沙彌的作畫天分非比尋常，私下覺得讓小沙彌繼續待在鄉村寺院，會埋沒這個小天才的才能，因此透過關係把小沙彌送到京都相國寺。

相國寺又名「五山」，是當時京都五大寺院中位居次席的寺院。京都這些禪寺是研究學問與藝術的最高學府，也是培育鎌倉幕府要人的研究所。

歷代足利將軍都非常喜歡畫，時常派人自明國或朝鮮蒐集當代名畫。

這些畫都聚集在五山禪寺，而當時日本全國首屈一指的畫家，亦是幕府御用畫師的周文（Syu-bun）禪師，正是相國寺高僧之一。
也因此，相國寺是當時水準最高的藝術學院。
十歲出頭的小沙彌能進入相國寺學習是萬幸中之萬幸。
可見寶福寺住持不但別具慧眼，作畫功力應該也不錯。因為這個小沙彌正是日本水墨畫畫聖——雪舟等楊（Sesshu-To-yo-）。
一四二〇年生於備中國赤濱村的雪舟，來到相國寺後，當然無法立即成為周文禪師的弟子。
起初只是日復一日地束身修行，閒暇時再一味地臨摹南宋李唐、夏珪、玉澗、牧谿、馬遠、梁楷等禪畫大師作品。
即便周文禪師允許他在畫室幫忙磨墨，也只能聚精會神盯著師父手中的毛筆，暗地學習如何運筆。
雪舟在相國寺的地位不高，是六等級中排行第四的「知客」僧。
如此過了三十多年，四十四歲那年離開相國寺。這表示他放棄升官機會，也遠離了中央研究機關。
或許雪舟根本不在乎官位，不惑之年過後，他的夢想是渡海到明國親自目睹牧谿等大畫家所畫的靈山秀水。
這一年冬季，雪舟來到周防國（山口縣）。周防國守護大名是大內政弘（Oouchi Masahiro），不但學問淵博，藝術造詣也很高。
大內當然已久仰雪舟在京都的作畫聲譽，極為歡迎雪舟，還打算在天花山山麓建造宅邸給雪舟住。
不過雪舟拒絕了，只要求一棟能讓他作畫的茅舍。雪舟取名為「雲谷庵」。
大內政弘的先祖曾經迎娶京都某貴族女兒

相國寺

相國寺入口

為妻，當時為了安撫妻子的思鄉之情，把周防國山口縣改造成「小京都」。

日後又歷經幾代苦心經營，鎮上的建築物或寺廟均與京都非常類似。雪舟很中意自己的住居環境，過著專心作畫的日子。

大內擁有與明國之間的貿易權，九州博多港也是轄地之一，因此明國文物與藝術品皆能直接傳入山口縣。

接觸到這些文物的雪舟更是心動神馳，每天夢想著能夠渡海到明國。

一四六八年，雪舟四十七歲。

這一年，室町幕府、大內、細川聯手籌畫了三艘貿易船，打算出發到明國。

幕府使節正使一行人搭乘幕府準備的船；幕府重臣搭細川家的船；大內的船則以幕府副使桂庵玄樹（Keian Genzyu）為首，同行者是相國寺禪僧、商人等。

這三艘船正是「宣德條約」期間第四次「勘合貿易」（日明貿易）船。桂庵玄樹是山口僧人也是雪舟的友人，而相國寺禪僧中也有不少雪舟過去的同伴，雪舟理所當然登上大內的船。

三月，遣明船浩浩蕩蕩自博多港出發，一路朝明國前進。

三艘船內都裝載著眾多日本盔甲、日本刀、日本扇、漆器、馬匹、屏風、銅、硫磺、砂金等。這些物品美其名是進貢品，實則貿易商品。待貿易船歸國時，再從明國帶回生絲、錦緞、藥材、香料、畫、佛具、銅錢等。

當時明國人非常喜愛日本工藝品與日本刀，尤其日本刀尖銳精良，裝飾優美，特受青睞。北宋歐陽修的長詩〈日本刀歌〉便有如此描述：

昆夷道遠不復通　世傳切玉誰能窮

寶刀近出日本國　越賈得之滄海動
魚皮裝貼香木鞘　黃白閒雜鍮與銅
百金傳入好事手　佩服可以禳妖凶

明國唐順之也留下一首〈日本刀歌〉：

有客贈我日本刀　魚須作靶青綠綆
重重碧海浮渡來　身上龍文雜藻行
悵然提刀起四顧　白日高高天炯炯
毛髮凜冽生雞皮　坐失炎蒸日方永
聞到倭夷初鑄成　幾歲埋藏擲深井
日陶月煉火氣盡　一片凝冰鬥清冷

不過這些都與雪舟無關，他到明國的目的不是通商而是學畫。在這數百名遣明貿易商中，雪舟算是唯一搭便船的人。

一個月後，雪舟搭的船平安抵達浙江省寧波港。雪舟在寧波滯留了約一年，到處留下足跡。

這一年，他不但在寧波府（鄞縣）與當時的文人雅士、官員結下親交，更在禪宗五山之一的太白山天童寺得到「天童寺禪班第一座」（禪堂首座）名譽。這是天童寺第七十二代住持無傳嗣禪師贈予雪舟的稱號。

天童寺位於浙江省四明（杭州）天童山，寧波府東方三十五公里處，雪舟來往於天童寺與寧波府時都利用水路。在寧波府逗留時，大多投宿在境清寺或天寧寺。

離天童寺五公里處有始建於西晉太康三年（二八二年）的阿育王寺，也是禪宗五山之一。雪舟也在此留下手跡。

一九九二年，阿育王寺重建五十三公尺高、八面七層的東塔時，正是參照雪舟當時畫的「阿育王山圖」。

一四六八年六月，雪舟路經杭州、鎮江、南京，一路北上，來到北京。這時幕府派遣的船還未抵達。根據《皇明憲宗實錄》記載，幕府正使天與清啟（Tenyo Seikei）禪僧一行人是十一月才抵達北京。因為一四六七年日本京都爆發了「應仁之亂」，致使正使搭的幕府船臨時延期出發。

雪舟在北京也結交了不少文人墨客，更受當時的禮部尚書之託，為禮部中堂繪製壁畫。完成後，尚書大喜，請詩人、書法家詹僖題上褒詞。

詹僖，字仲和，號鐵冠道人，根據一五六○年的《寧波府誌》，他應該是鄞縣人，不過他在北京留下的落款均是「杭州鐵冠道人詹仲和」。到底是鄞縣人還是杭州人，這點不大清楚，總之是浙江省人。

天童寺

三保松原

某天，眾多文人請雪舟畫出「日本最美的景色」。雪舟沉思良久，終於畫下自靜岡縣三保松原仰望的富士山，並向大家說明三保松原流傳的天女羽衣傳說。

天女因迷戀三保松原的景色，脫下羽衣掛在松樹，不料被某漁夫發現，偷走了天女羽衣。天女為取回羽衣，只得婆娑起舞，最後載歌載舞升天。

在場的詹僖聽畢傳說，當場在畫上題了一首詩：

巨幛棱層鎮海涯　扶桑堪作上天梯
嚴寒大月常留畫　勢似菁蓮直過氐
名剎雲連清建古　虛堂塵遠老禪西
乘風吾欲動遊去　特到松原竊羽衣

這幅名為「富士清見寺圖」的畫，日後還有段很有趣的小插曲。畫中，三保松原附近有清見寺，還有聳立的五重塔。雪舟回日本後再度走訪清見寺，左看右看就是沒有五重塔。雪舟探詢了住持，不料住持竟回說，清見寺自古以來便沒有五重塔。

雪舟一聽，面無人色。

壞了，壞了，如此一來，自己留在明國的畫不是會變成欺騙明國人的謊言嗎？

明國也有不少人曾到日本，這些人之間必定也有曾遊觀三保松原的人，若他們有機會看到那幅畫，不但自己會蒙羞，亦會成為國恥。

事到如今，又無法再度到明國重新畫一幅正確的畫……雪舟挖空心思，最後想到一個主意：乾脆捐獻一座五重塔給清見寺。

一年後，五重塔竣工，三保松原仰望富士山的實際景色終於與「富士清見寺圖」相符。遺憾的是，這座五重塔於江戶時代燒燬了。

一四六九年二月，雪舟告別北京踏上歸途。

這時，京都與大阪均因戰亂而成為焦土，雪舟只好在九州府內國

（大分縣）開辦「天開圖畫樓」畫室。

直至一四八六年回周防國「雲谷庵」之前，他都將精力放在雲遊諸國上，並透過在明國尋山問水的經歷，痛切感受到島國與大陸山水風物的迥異，繼而研發出日本獨特風格的山水畫。

某年某日，周防國守護大名大內義興（Oouchi Yoshioki，大內政弘之子）派來使者，說：「從明國回來的貿易船帶回一幅傑作，由於沒有落款，城主請您立刻進城鑑別。」

雪舟隨使者進城後，一看，

雪舟畫，天橋立圖

雪舟畫，秋山東水圖

情不自禁大叫：「這是我在明國留下的畫，落款應該是『日本禪人等楊』……」

城主不相信，怒髮衝冠。

正是此事件令雪舟再度離開周防國四處出遊。雪舟八十六歲那年，於石見國（島根縣）吉田村東光寺溘然長逝。

而在同一時期，大內義興命人補修那幅花了大鈔自明國購回的「名畫」，結果赫然出現「日本禪人等楊」的落款。

## 雪舟小事典

| | |
|---|---|
| 雪舟之鄉紀念館 | 位於島根縣益田市，除了展示雪舟相關資料外，其墓也在鄰近的雪舟廟大喜庵境內。 |
| 寶福寺雪舟碑、少年雪舟像 | 位於岡山縣總社市。 |
| | |

# 日本茶道之祖
# 千利休與「一期一會」

今生今世最後一次相會
你願意為我泡一杯茶嗎？

## 重要事件表

1520　1530　1540　1550　1560　1570　1580　1590　1600

- 1522　本名田中與四郎的千利休出生。
- 1540　父親與兵衛過世，同年改名為宗易，號抛筌齋。
- 1558　英國伊莉莎白一世登基。
- 1562　法國宗教戰爭爆發。
- 1573　織田信長放逐足利義昭，足利幕府滅亡。
- 1580　石山本願寺投降織田信長，石山合戰結束。
- 1581　明朝張居正實行著名的一條鞭法。
- 1585　天皇賜「利休」居士號，在此之前，他都用千宗易的本名。
- 1587　主辦豐田秀吉發起的北野大茶湯，成為天下第一的茶匠。
- 1591　千利休去世。

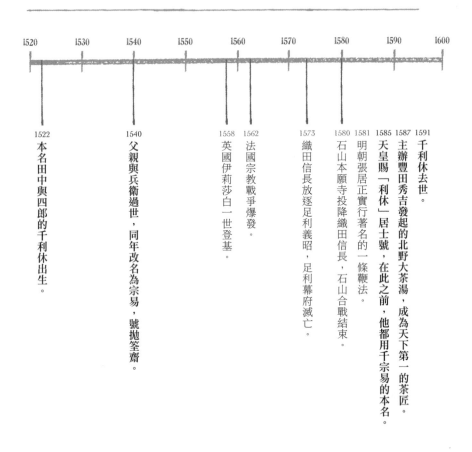

日本茶道之祖千利休（Sen no Rikyu），因觸怒當時的掌權者豐臣秀吉（Toyotomi Hideyoshi），奉令切腹自殺這事雖聞名於世，但理由不詳，各學者眾說紛紜。

一說是因為千利休在重建位於京都的禪宗寺院大德寺山門時，擺放了自己的木雕像，秀吉聽聞此事，認為千利休想讓他和諸大名在利休腳下穿行而大發雷霆。

日後，由於這尊木雕像和千利休的頭顱一起被示眾於京都的一條橋，大部分人都認為此說法較為準確，於是成為一般看法。

另一說是千利休以不正當手段進行茶器鑑定及買賣，惹怒了秀吉。

當時，千利休身為豐臣秀吉的茶堂（亦稱茶頭），是掌管所有茶事的領導者，大有機會進行貪污賄賂等骯髒事。不過，也有人認為千利休並非那樣的人，原因在於千利休和豐臣秀吉兩人對藝術的觀點有異，才彼此敵對。

眾所皆知，千利休不但讓茶道昇華至恬靜、優雅的境界，更是奠定茶道根基的人，令茶道廣泛普及至現今。

正因為茶道精神注重恬靜、優雅，茶室建築方式才趨於樸質。而有關樸質、簡樸的基準與美感，因人而異。

暴發戶的豐臣秀吉凡事喜愛奢華鋪張，他似乎認為金茶鍋、金茶碗、金茶室等金光閃閃的茶道儀式是專政者的象徵。對掌握天下政權的豐臣秀吉來說，金光閃閃的茶室可能還算質樸，至少面積不大。

日本戰國時代的茶具價值，與我們現代人所理解的寶石及古玩之類不同。

當時稱喜愛茶事的人為「數寄者」（Sukisya, Sukimono，風流人士、茶人等），但這些人並非僅是愛好者。若缺乏經常鑽研茶事並創新的堅定信念，不時蒐集名品和名器，博個青史留名的決心，便沒有資格冠上「數寄者」的稱號。

再者，因為當時的身分階級觀念非常嚴格，商人和諸侯很難有機會面對面談話。於是諸侯便以茶會為藉口接近商人，將政界和商界連結起來，商人也以茶具為藉口，堂皇正大地進行政治獻金。這跟現代的政治家利用高爾夫球與財界人聚會進行密談一樣。

就此意義來說，千利休雖是茶人，卻也參與策畫政治性的重大機密。

不僅參與，他手中握著極大權力。例如著名的基督教大名大友宗麟（Ootomo So-rin），有一次前往大阪城時，掌管內政的豐臣秀吉的弟弟豐臣秀長（Toyotomi Hidenaga）便曾對他耳語：「公事找我，私事找宗易（So-eki，千利休）。」

豐臣秀吉的金茶室

表千家／千利休的茶室

可見，千利休的權力應該和類似現代內政部部長的豐臣秀長並肩。

然而，在茶道方面，所有人都公認千利休是位天才，對藝術及美感也是天字第一號人物。另一方，掌握天下霸權的豐臣秀吉，即便收集了眾多名品與名器，也頂多是個愛好者而已。

或許，豐臣秀吉視茶道境界遠高於自己的千利休為眼中釘，自尊心受創，最後命千利休自殺的說法比較接近真相。

大概是天字第一號人物與獨裁者的鬥爭，以及其他複雜的政治問題糾結一起，導致千利休不得不切腹的結果吧。

總之，謎題就讓其永遠解不開，後代學者才有事可做。我個人比較感興趣的是「堺、博多商人殲滅說」。

「堺」（Sakai），在當時是一個自由貿易都市，簡單說來，是「槍砲武器供應都市」。但是，織田信長（Oda Nobunaga）抬頭後，開拓了獨自的武器流通路線，這條路線正是本能寺。

現代學者已查出本能寺的地下室是個火藥庫，當時收藏的槍砲和火藥量恐怕比任何一座城還多。也因此，「本能寺之變」後，相關人員始終無法找出織田信長的屍體。

既然本能寺是織田信長的武器提供據點，對「堺」那些死亡商人來說，當然非常不好玩。於是假借茶會暗中設計，將本能寺和織田信長一起滅掉。

「本能寺之變」前夜，織田信長主辦的茶會兼酒席、圍棋對弈，鬧到即將天亮才結束。變故發生時，參與茶會的茶人之一順手牽羊帶走織田信長的收藏品「弘法大師真蹟千字文」掛軸，另一博多豪商則帶走中國南宋畫家牧溪畫的「遠浦歸帆」掛軸。

只是，所有參與「本能寺之變」陰謀的人，均萬萬沒想到豐臣秀吉會繼織田信長之後，在短期間內統一了全國。

八年後，豐臣秀吉主辦了一場天下一統慶賀茶會。指揮者茶頭正是「堺」都市代表之一的千利休。然而，茶會席上，竟然出現了「遠浦歸帆」掛軸。

豐臣秀吉理應看過掛軸，但他以為這幅掛軸早在八年前的「本能寺之變」隨織田信長燒得無影無蹤，怎麼可能出現在茶會席上呢？

登上天下人寶座的豐臣秀吉當然會心生疑惑。之前，他為了統一天下，沒有閒暇追究「本能寺之變」的幕後陰謀。如今，天下已在掌中，他總算可以動用所有財力和權力暗地調查「本能寺之變」的幕後相關人員。

如此，以千利休為首，統治「堺」的茶頭或豪商便一個接一個莫名其妙地死去。「堺」這個怪物都市也在不知不覺中消滅了。

大德寺的木雕像只是給世間人看的盾牌而已。否則，豐臣秀吉為何在大德寺竣工後一年多，才來找千利休的碴呢？若非另有內幕，實在說不過去。而此內幕，若非與織田信長的死有關，也實在說不過去。

倘若我是豐臣秀吉，在得知「本能寺之變」的內幕後，肯定會守口如瓶，將祕密帶進棺材。又假設我是千利休，即便必須切腹，我也不會對任何人說出真正理由。畢竟問題太大了，牽涉的人又太多，誰敢說出實情呢？

千利休確實和「本能寺之變」無關。變故發生時，他在「堺」負責招待德川家康（Tokugawa Ieyasu）。但是，若非織田信長暴斃，他大概也不可能升騰為茶界巨頭。這裡頭的內幕太複雜，後人無法得知真相也是理所當然。只能嘆道：人，還是不要爬得太高，不然會跌得很慘。

千利休切腹之前，留下辭世歌：

**人生七十　力囲希咄　吾這寶劍　祖佛共殺**

**提我得具足一太刀　今此時拋天**

白話文的意思是：回顧我的七十年人生，咄！咄！咄！（大悟之意，與禪道頓悟時的「喝」聲相通）就用我這把寶劍，殺了我和祖佛（表示活殺自在、見性成佛之心境）。我提著我最擅用的太刀（意謂所有茶具），此刻全往天拋（所有迷惑均消失，一切歸為「無」）。

千利休臨死前，表明所有茶具都可以拋向天，意思是茶具只是用來盛東西的道具，真正重要的是裡面「盛」的到底是什麼東西。

看來，千利休的精神境界比豐臣秀吉高了好幾階。他雖然沒有留下任何「道具」，卻留下了道具裡面「盛的東西」。

話說回來，流傳至現代日本的茶道，雖然有很多流派，但遠近馳名的則為「表千家」（Omotesenke）和「裡千家」（Urasenke）。正如雙方都冠著「千」姓那般，這兩家都是茶道之祖千利休的後裔。

那麼，為何會分為「表」和「裡」呢？

其實，直至千利休的孫子千宗旦（Sen So-tan）那一代，僅有一家流派。

千宗旦有四個孩子，他隱退時，將自己的住居「不審庵」讓給三兒子，他自己則在「不審庵」後邊蓋了一棟名為「今日庵」的房子，和最小的兒子一起搬進去住。

宗旦過世後，這兩位兒子分別繼承了流派。當時，由於兩棟房子蓋在同一塊地皮，因此將「不審庵」稱為「表千家」，後邊的「今日庵」稱為「裡千家」。

基本上，表千家仍維持著往昔的茶道禮法，是比較重視恬靜、優雅傳統的流派；裡千家則採取不時創新的方式，積極向外界進行宣傳。因此，裡千家的茶具與裝飾等，種類都比表千家多，而且華麗，較受年輕女孩愛戴。

至於日本人很愛用的「一期一會」（ichigoichie）這個詞，是千利休的弟子山上宗二（Yamanoue So-ji），在其著書《茶湯者覺悟十體》中所提出的茶道守則之一。

「一期」（ichigo），表示人的一生；「一會」（ichie），則意味僅有一次的相會。

戰國時代，烽火連天，狼煙四起，今天親人流離失所，明日友人淪落天涯。如果有緣，你我可以聚在一起促膝談天；若是緣盡，往後便只能仰望星月彼此遙寄情思。

那個時代，出征前的武士們會聚在一起享受茶會的樂趣。

說是享受，不如說是餞別。泡茶人與喝茶人，在喝下眼前這一杯茶之後，日後是否還有緣相會，沒有人能預測得出。

於是，千利休領悟出「一期一會」的款待精神。

既然是人生中僅有一次的相會，我們就必

**表千家**／不審庵

**裡千家**／今日庵

千利休

需付出人生中僅有一次的心力，來應對眼前這場茶會。

於是，千利休的茶室中，一株小小的插花、壁上的掛軸、手中的茶碗……樣樣都是能令喝茶人歸於「恬靜」、歸於「沉著」、歸於「死也無怨」的小道具。

於是，只不過是一杯茶，你我便能心領神會；只不過是狹窄的茶室空間，此時無言勝有言，我們可以完成此生最後一次的「相會」。

時至二十一世紀的今日，「一期一會」的精神仍生息在現代日本人的日常生活中。

旅遊，是一期一會。

戀愛，是一期一會。

網路神遊，是一期一會。

人生，更是一期一會。

諸行無常的世上，請問，你有過多少次「一期一會」呢？

## 千利休小事典

| | |
|---|---|
| **天下三宗匠** | 千利休、今井宗久、津田宗及三人被後人合稱為「天下三宗匠」。 |
| **利休七哲** | 指千利休七位出色的徒弟，其中包括有，蒲生氏鄉、細川忠興、古田重然、芝山宗綱、瀨田正忠、高山長房、牧村利貞。 |
| **利休饅頭** | 以小麥粉、黑砂糖、酵母粉揉成的皮，包餡做成的饅頭，是茶饅頭的一種。 |
| **茶室標準** | 千利休將標準茶室的四張半榻榻米，縮小為三張至兩張，並簡化室內裝飾，讓一般大眾更容易接受茶道。 |
| **千利休屋敷（宅邸）遺址** | 位於大阪堺市，宅邸遺址內有椿之水井，以及與千利休頗有淵源的大德寺山門建材蓋成的水井小屋。 |
| | |

# 異人

一休禪師
安倍晴明
千鶴子與年惠

# 風狂異端出家人
# 一休禪師

前半生不辭辛苦修行求道
後半生自由奔放隨心所欲

# 重要事件表

|  |  |
|---|---|
| 1394 | 法名一休宗純的一休禪師出生。 |
| 1399 | 明朝靖難之役爆發。 |
| 1405 | 至壬生寶幢寺學習維摩經。 |
| 1406 | 與京都建仁寺的慕哲龍攀學習漢詩文。 |
| 1410 | 西金寺的謙翁師傅為一休取名「宗純」。 |
| 1418 | 華叟賜一休法號。 |
| 1441 | 日本發生嘉吉之亂。 |
| 1449 | 土木堡之變。 |
| 1450 | 法國收復諾曼地。 |
| 1467 | 日本發生應仁之亂。 |
| 1474 | 任大德寺第四十七代住持。 |
| 1481 | 一休禪師去世。 |

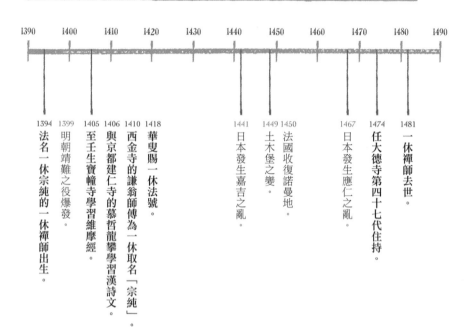

提起「一休和尚」，別說日本人了，恐怕連泰語圈、中文圈某些世代的人也知道這號人物。不過，「一休和尚」是動畫角色，「一休禪師」則為真實人物。

二者有何不同呢？動畫「一休和尚」除了少部分屬實，大部分是編劇組人員自江戶時代的《一休咄》（全四卷，編者不詳）以及《一休關東咄》（全三卷，編者不詳）等民間說話集改編出的故事，或共同絞腦汁寫出的原創情節；真實人物「一休禪師」可是相當複雜。

不過，也不能說動畫編劇組瞎扯一番。雖然最早的《一休咄》是一休禪師過世後經過一百九十年才出版，但這些說話集收錄的故事均依據一休禪師留下的著作而作，其底蘊仍是一休禪師在世時欲表達的主張及精神、思想。

《大日本野史》描述一休禪師為：「宗純（So-jun），心機快活，談諧戲謾，物我相忘，貴賤一視，志存慈惠，隨得隨施，兒童馴愛，鳥雀就啄。」

可見一休禪師無論生前或死後都深受民眾愛戴。而且他明明是尊貴皇子出身，卻至死都堅持「庶民」身分，後人才會不厭其煩地為他寫下這許多逸聞吧。

一休禪師的全名是一休宗純（Ikkyu- So-jun），「一休」是號，「宗純」是諱，生於一三九四年。他在世時，從未提過自己的父親到底是誰，不過，一休過世後約十年，由眾弟子編纂而成的傳記《東海一休和尚年譜》記載，他父親是日本第一百代後小松（Gokomatsu）天皇，母親是藤氏。

一休出生時，後小松天皇時值十八歲。

當時的日本朝廷分為南北兩朝，雙方的天皇都是正統血脈。

之所以分為兩個朝廷，是因為鎌倉幕府的實權被奸臣篡奪，第九十五代天皇遂發兵征討。之後，天皇施行日本有史以來首度的王政復古，並推行新政。

但新政引起倒幕武士們的不滿，大將足利尊氏舉兵叛變，天皇只好暫時遷幸至比叡山。足利尊氏（Ashikaga Takauji）便脅迫朝廷另立新天皇，並建立了室町幕府。如此，逃至比叡山，後來又遷至吉野的朝廷稱為「南朝」，在京都另立天皇的朝廷則稱為「北朝」。南北朝動亂持續了四代五十餘年。

後小松天皇是北朝天皇。他繼位時，南朝已失去勢力，不過，南朝天皇擁有代表皇位的三種神器。於是後小松天皇提議南北朝合而為一，南朝也答應了。因此雙方人事便有許多異動。一休宗純的母親正是南朝人。

南北朝合併後第二年，後小松天皇開始親政。這時期的社會情勢當然仍不穩定，而室町幕府第三任將軍足利義滿（Ashikaga Yoshimitsu）又虎視眈眈，打算篡奪皇位。在這種紛亂狀況下，一休的母親只能逃到宮外，住在民家，於翌年陰曆正月初一生下一休。

一休六歲時，他母親送他到臨濟宗安國寺出家。當然這也是足利義滿的命令。畢竟對足利幕府來說，天皇家若留下南朝系血統子嗣，可能會引起後患。一休在安國寺當侍童時，名為「周建」（Syu-Ken）。

一休八歲時，足利義滿召喚一休到鹿苑寺（金閣寺）。義滿早已聽聞一休很伶俐，故意在宴席上出難題。

「那扇屏風上畫的老虎，夜晚都會逃出來，你有辦法抓住牠嗎？」

「明白了。麻煩大人借給我一捆繩子。」

一休如此說後，站起身，捲起衣袖，一副打算大打出手的樣子。

眾人見狀，不禁為這個小童子暗地捏一把汗。

繩子送來後，一休接過繩子，走到屏風前，擺起架勢，對眾人說：

「我準備好了。有哪一位願意把老虎趕出來嗎？」

眾人聽後，均在內心拍手叫好。義滿當然也很嘆服，命人給一休獎賞。獎賞是兩個疊在一起的麻糬。義滿說：

「不用客氣，你吃吧。」

眨眼間，一休便吃掉兩個麻糬。義滿再度刁難地問：

「哪一個麻糬比較好吃呢？」

一休舉起雙手，砰地擊了一掌，再反問義滿：

「哪一隻手的聲音比較好聽呢？」

這回義滿不得不嘖嘖稱好了。如此，一休便帶著一大堆重賞回寺院。

京都十剎中，有一座排行第五，是足利義滿建立的寺院，名為寶幢寺。一休十二歲時，經常前往寶幢寺，夾雜在數百名聽眾中熱心聆聽清叟仁（Seiso- Jin）藏主的《維摩經》講義。

《維摩經》是大乘佛教的佛經，內容構成類似戲劇，富於文學趣味，但意味深長，在家人也不見得聽得懂，一休卻聽得津津有味。因此，清叟每次講完《維摩經》後，又時常對一休講授其他佛家內典與俗家外典。

一休十三歲時，轉入東山建仁寺學習漢詩。當時的日本禪僧盛行作漢詩、漢文，也就是所謂的「五山文學」，算是江戶時代儒學興起的先驅。十三歲才開始學漢詩，應該說有點晚，不過一休給自己訂下「一日一詩」的課業，進步相當快。

十五歲時，一休作了一首〈春衣宿花〉漢詩。

吟行客袖幾時情　開落百花天地清

枕上香風寐耶寤　一場春夢不分明

大意是：櫻花時期，賞花人陶醉在詩情中，花開花落的百花，給天地帶來清淨的空氣。花香在枕邊飄蕩，到底是夢境還是現實，都分不清了。據說當時的京都文人給予極高評價，令這首詩膾炙人口。

另一方面，一休也逐漸對人生的冷酷與社會矛盾心生疑問。五山的禪僧俗化到極點，尤其是建仁寺在幕府的保護下，早已變成公卿貴族或高官家孩子的發跡捷徑。這些王孫公子進寺院修行後，若能得到一張印可證，日後便能自稱高僧，去當官寺的住持，終生享受榮華與特權。

一休十六歲時，遭遇一件左右他一生的事件。事件發生在夏季某日，建仁寺辦法事的席上。有一名代住持說法的高僧，不但不講道說法，還高談闊論起禪僧的出身門第以及禪院格式與法系，最後更聲言出身卑微的人沒有資格當官寺住持云云。不等對方說完，一休便掩耳離去。

事後，一休作了兩首漢詩給老師看。其一：

說法說禪舉姓名　辱人一句聽吞聲
問答若不識起倒　修羅勝負長無明

大意是：講經說法時，為何要列舉禪僧的出身家世。聽到對方貶斥別人，實在驚訝得啞口無言。問答時若不按程序進行，那就如同阿修羅爭勝負，不可救藥。

其二：

**犀牛扇子與誰人　　行者盧公來作賓**
**姓名議論法堂上　　恰似百官朝紫宸**

老師看了這兩首詩，安慰一休說：「三十年後，禪僧的惡習也會改進吧。你不要太急躁，耐心等著。」

結果，一休的漢詩集《狂雲集》不但收錄了這兩首詩，還特別記載：「今世山林叢林之論人，必議氏族之尊卑，焉是可忍孰不可忍乎，遂寫前偈以揭示四方，誰敢擊節其偈曰。」看來，惡習不只持續了三十年，大概直至一休過世前都舊態依然，毫無長進。

一年後，一休轉移至赤貧如洗的西金寺，在完全不求名利的禪師謙翁宗為（Kenou Soui）門下苦修。二十歲時，謙翁對一休說：「我已經將我所知的全傾給你了，按理說，我應該給你印可[1]，但我過去也拒絕領取，所以我不給你印可。」

謙翁對一休影響極大，一休也非常尊敬謙翁。謙翁的正式道號是「為謙」（Iken），名「宗為」（Soui），因此一休便廢棄「周建」這個名字，取恩師名字裡的「宗」字，改名為「宗純」。

一休二十一歲時，謙翁去世了。

深受打擊的一休暫且回到母親身邊，卻因為失去精神上的支柱，不久又離開母親住處，前往大津石山寺閉關。他在觀音菩薩像前燒香念經了七天，仍無法消解內心的苦悶。之後在琵琶湖四周徘徊，最後欲投湖自殺。所幸他母親於事前已預見兒子可能會自尋短見，遣人送書信過來，正是那人救了一休。

第二年，一休前往堅田禪興庵（今祥瑞寺）拜華叟宗曇（Kaso- So-don）為師。華叟宗曇是著名高僧，原本有資格繼承大

註1——「印可」即認可、許可之意。
弟子的言行需由帶領的師傅認可，稱之為印可。

一休禪師

德寺法統，卻因天性高潔，厭惡大德寺的官寺化作風，在各處小庵轉輾流連後，最後隱居於禪興庵。

這位大師的生活比謙翁更清貧，有時一整天都沒得飯吃，有時連衣服也沒得換。一休為了拜這位高僧為師，跪坐在禪興庵門口四、五天才得以如願，當然甘心過著「學道先須且學貧」的日子。冬天寒夜，一休都向認識的漁夫借船，在船上裹著粗草席入睡。

三年後，一休二十五歲時，某天，他在路邊看到盲目法師彈唱平家琵琶。當他聽了「祇王失寵」，頓時銘感五內。想起恩師華叟給他一道公案「洞山三頓」，要他解答。

他邊走邊想，不知不覺來到琵琶湖，再不知不覺登上漁船，望著天地苦苦冥思，終於得出答案。回到寺院後，一休向華叟提出自己的答案。

「從有漏路歸無漏路，且一休矣；雨降任其降，風吹任其吹。」

大意是：我從煩惱眾多的人間世界，走向超然領悟的世界，現世的人生只是中間短暫的一段休息；雨要下就任它下，風要吹就任它吹。

華叟看了答案，對一休說：「往後，你就叫一休好了。」

「一休」稱號正是如此而來。

兩年後的五月某個夜晚，一休如常在湖岸小舟坐禪，突聞烏鴉一聲嘎叫，豁然大悟。回寺院後，他向華叟提出所見。這時的一休到底提出什麼所見，《東海一休和尚年譜》沒有記載，只寫著「即舉所見」四字而已。

華叟看了一休提出的所見，冷冷地答：

「這是羅漢的境界，不是作家的境界。」

「羅漢境界」意謂斷絕一切俗世煩惱，是修道者的究竟的解境界，與佛果無別。但終究只是小乘佛教的最高果位而已。「作家境界」則為具有說明玄奧真理的本領，真正的利他主義大悟者。

一休立即否定：「如果這算是羅漢境界，我甘心安受此境界，沒有必要勉強當作家。」

華叟聽後，欣慰地笑道：「好，好，這才是作家境界。你此刻已經成為作家了。」

原來華叟只是在試探一休。因為真正大悟的人，不會拘泥於「羅漢」或「作家」之形式。一休的回答，正合華叟心意。

總之，由於一隻烏鴉叫了一聲，令一休從「羅漢」升至「作家」。華叟非常高興，認為一休已達大悟境界，作了印可證，打算授予弟子。

不料，一休當著恩師面前將印可扔在地上，拋下一句：

「這東西和繫驢的木樁一樣，礙眼。」

說畢，即轉身離去。

看來，一休確實承襲了謙翁的傲骨精神，認為「悟道並非紙張」，堅持不領取印可。

華叟沒有生氣，只是無言地拾起印可，收藏起來。數年後，華叟了悟自己死期將近，忍著腰痛，坐轎子前往京都拜訪女弟子宗橘（So-kitsu）夫人，拜託對方代他收藏印可。這時，華叟在印可證又加寫了以下文章：

「純藏主悟徹後，與一紙法語，道是甚麼繫驢橛拂袖去，可謂瞎驢邊滅類也，臨濟正法若墜地，汝出世來扶起，此汝是我一子也，念之思之。」

華叟沒後十年，第三者又將這張印可親手交給一休。一休望著恩師的筆跡，感慨萬端，卻仍撕掉印可，拋進爐內燒掉。一休會如此做，並非完全不顧恩師的好意與期待，反之，他深切理解恩師華叟衷心祈望他能扶引禪宗回歸正道，也自許為華叟唯一的繼承人。

一休三十四歲那年，後小松天皇退位。之後，經常召見一休，問道譚禪。後小松天皇之後的稱光（Syo-ko-）天皇、後花園（Gohanazono）天皇、後土御門（Gotsuchimikado）天皇，均皈依一休門下。

稱光天皇在位十六年，膝下沒有皇子，皇嗣未定，即病篤。這時，南朝系有常盤木（Tokiwagi）、木寺（Kodera）兩家皇族的兩位王子，北朝系則有伏見（Hushimi）、萩原（Hagiwara）兩家皇族的兩位王子，總計有四位王子入選為皇太子候補。

後小松上皇暗地向一休徵求意見，一休寫了一首和歌當作答覆。

常盤木　木寺稍　摘棄矣
繼世竹園　在伏見

也因此，伏見宮貞成（Sadahusa）親王的第一王子便成為皇太子，正是稱光天皇之後的後花園天皇。伏見親王家一直珍藏著一休親筆寫的這首和歌。目前的日本天皇家系，也是伏見宮貞成親王家的男系子孫。

一休四十歲那年，後小松上皇駕崩。上皇登遐前數日，召喚一休進宮問道。

這時的一休舉出宋朝慧開禪師的著述《無門關》裡的一首詩偈〈頌平常心是道〉，讓後小松上皇以「平常心」接受即將面臨的死亡現實。

春有百花秋有月　夏有涼風冬有雪

若無閒事掛心頭　便是人間好時節

後小松上皇聽了後，命人取來平日愛用的金匣，裡面收藏了自己的手蹟及數帖王羲之的法帖，親手遞給一休，要一休當作遺物。據說，終生恬淡寡欲，身邊連一根縫線針也沒有的一休，至死都隨身帶著父皇的遺物。

現今，京都府京田邊市酬恩庵（俗稱「一休寺」）裡的一休的墳墓「慈揚塔」，由日本宮內廳陵墓課負責管轄，禁止一般人參拜。日本作家水上勉（Mizukami Tsutomu）動筆寫《一休》時，曾透過關係向日本宮內廳打聽「一休是皇子」的根據，但宮內廳沒有說出實際證據，只回答「確實無誤」。由此看來，宮內廳應該持有鐵證，只是不能公開而已吧。

四十七歲那年，一休公然宣布破戒。該年六月，一休抵不過大德寺眾長老的再三請求，住進塔頭如意庵。塔頭是寺院境內守護塔的小院，大德寺境內有許多塔頭，其中之一的如意庵是華叟的先師言外和尚建立的。一休住進如意庵，表示繼承「松源禪」法系。

第七天，大德寺舉行華叟十三屆忌日法事。一休在如意庵質樸地悼念，法兄養叟卻在另一座塔頭大肆鋪張。訪客紛沓而來，門庭若市，熙熙攘攘。一休受不了，住了十天，留下一首〈如意庵退院，寄養叟和尚〉，即不告而別。

一休五十四歲時，大德寺有個和尚自殺了。沒有人知道該和尚為何自殺，但有人將這起事件利用在派系鬥爭上，導致幾名僧人遭誣下獄。雖然這件事與一休無關，但一休畢竟也是大德寺之人，為此自咎不已，再度悄悄離京，躲進深山。

後花園天皇聽聞一休隱居，下了一道聖旨：「和尚決有此舉，佛法王法俱滅，師豈捨朕乎哉，師豈忘國乎哉。」

一休接旨，不得不下山繼續飆他的狂風。

直至七十七歲那年，一休才真正地「枯木逢春」。

他遇上盲目琵琶彈唱藝人森女，果真「枯楊生稊」了。他描述森女如「天寶海棠」楊貴妃，更讚嘆森女的歌聲：

一代風流之美人　艷歌清宴曲尤新
新吟腸斷花顏靨　天寶海棠森樹春

在一休的八十八年人生旅途中，森女算是最後一個異性助跑者。但是，對一休來說，森女很可能也是觀音菩薩的化身，是指引一休走向「大悟」的引路人。

一休不但和森女立約：「十年花下理芳盟，一段風流無限情。惜枕頭女兒膝，夜深雲雨約三生。」還對自己發誓：

木凋葉落更回春　長綠生花舊約新
森也深恩若忘却　無量億劫畜牲身

華叟兒孫不知禪
狂雲面前誰説禪
三十年來肩上重
一人荷擔松源禪
前住大德一休書
頂相自賛詫詫珎寶

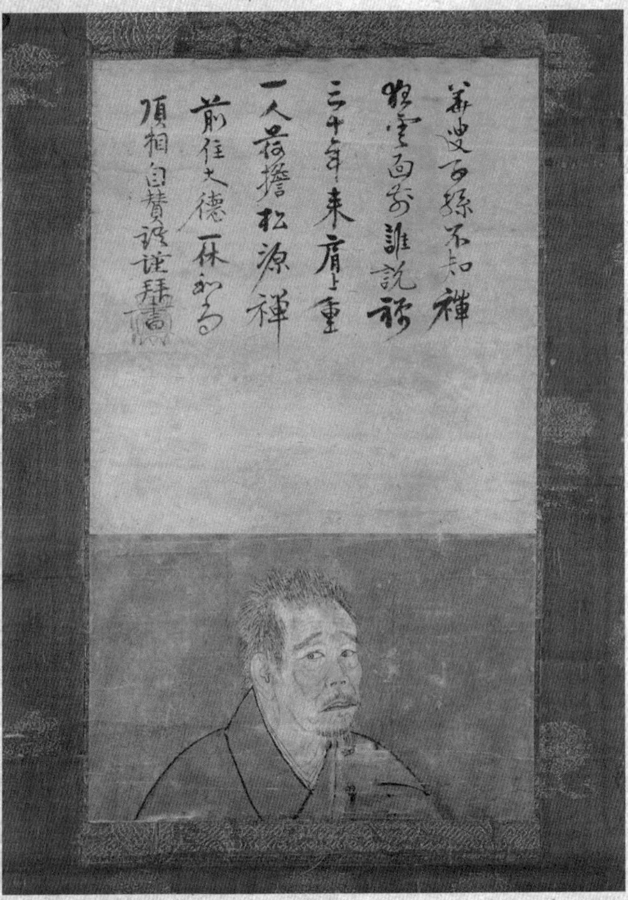

一休禪師

這應該已經超過「好色」或「破戒」的境界了。某些作家或專家懷疑，八十歲以後的一休，真的具有「吸美人婬水」的能力嗎？喝！喝！喝！你們這些俗漢！難道忘了「性」即「生」的道理嗎？無「性」，便無法創造生命，亦即無「生」。

我總覺得，一休於晚年作的那些露骨煽情的漢詩，或許只是一種「演出」？

又很好奇，森女到底付出何種愛情，使得放蕩不羈的一休竟感恩至「如果忘恩，將永遠淪為畜牲」的程度呢？

據說，後人為一休舉行三十三屆忌日法事時，森女也出席了。而且以「比丘尼慈柏」之名，致送一包金額遠超過其他數十名尼姑的奠儀。

## 一 休 禪 師 小 事 典

| | |
|---|---|
| **酬恩庵<br>一休寺** | 位於京都府京田邊市，內有一休的墳墓「慈揚塔」，由日本宮內廳陵墓課負責管轄，禁止一般人參拜。 |
| **建仁寺** | 位於京都府東山區，一休禪師在此修習漢詩文，是今日京都地區著名的觀光景點。 |
| **一休納豆** | 納豆是日本特有的食物，在一休寺則特別製作「一休納豆」是具大人風味的日式食品。 |
| **維摩經** | 一休禪師曾專注學習的經典，是大乘佛教的佛經，主要以解決人生疑惑為宗旨的修行手冊。 |
| | |

# 陰陽師
# 安倍晴明

狐與人的異類婚結晶
陰陽道咒術流傳至今

## 重要事件表

920 930 940 950 960 970 980 990 1000 1010

- 921 安倍晴明出生（推測）。
- 947 中國後漢漢高祖即位。
- 960 村上天皇任命當時還是天文學士的晴明占卜。之後，被任命為天文博士
- 961 宋太祖著名的「杯酒釋兵權」事件。
- 967 以陰陽師的身分，開始參與政治事務。
- 972 安倍晴明晉升為天文博士。
- 979 當時還是皇太子的花山天皇請他舉行封印天狗的儀式。
- 1000 安倍晴明受賜「法清院」爵。
- 1004 中國北宋與遼訂定澶淵之盟。
- 1005 安倍晴明去世。

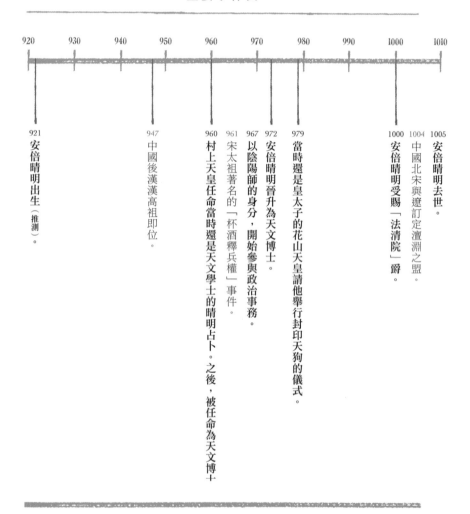

大約持續了四百年的日本平安時代，剛好是女性文學百花爭妍的時期，貴族們在朝廷內不停展開政治鬥爭，京城裡，富貴和頽廢錯綜交雜，是迷信與科學融合的時代。

當時的京城一片黑暗，只要離開宮廷，隨處可見因瘟疫、火災、飢餓而死的屍體。一到夜晚，經常有強盜闖進人家，擅自攜帶武器的人也逐漸增多。而且，據說還有妖鬼在路上徘徊的「百鬼夜行」。

所謂「百鬼夜行」，是各種「物怪」在深夜闊步橫行之意。

人眼看不見的東西，在日文世界稱為「物怪」（mononoke）。「物怪」的「物」指來路不明的靈異，亦與「妖物」、「精靈」同類。有時會附在人體，使人生病或喪命，當時的人們認為牠們是無法理解的邪惡之物。

但是，到了中世紀，「物怪」變成長年來不被重視的器皿或家具的精靈。這些精靈成為妖怪，在京城市內漫步街頭，也就是「付喪神」（Tsukumogami）。

正是這種時代造就了安倍晴明（Abe no Seimei）這位明星。

雖然安倍晴明的傳說眾說紛紜，但他的真實形象幾乎無人知曉。

安倍晴明的名字是在天德四年（九六〇年）首次登上歷史舞台。晴明沒有出生年月的記載，不過，從他去逝的年月紀錄倒過來算，應該是生於延喜二十一年（九二一年）。天德四年那時，晴明剛好是四十歲。

根據傳說，安倍晴明的母親是白狐。這段傳說在日本很有名，稱為「葛葉傳說」：

話說村上天皇（Murakami Tennou）那時代，攝洲（大阪府、兵庫縣一部分）阿倍野鄉，有個名為保名（Yasuna）的青年，時年二十三歲。父親安倍保明（Yasuaki）曾是此地領主。

安倍家是名門，祖先阿倍仲麻呂（Abe no Nakamaro-）是奈良時代的遣唐留學生，唐名晁衡（亦作朝衡），曾在玄宗之下任左補闕、散騎常侍、秘書監等職位，也與唐朝文人李白、杜甫、王維等交誼甚篤，終老於唐土。保名是他的第八代子孫。

安倍家雖是名門，但第七代保明因受騙而失去所有領地。安倍家有卷代代相傳的天文學祕藏文獻，記載天文、曆數等陰陽道奧祕，第八代保名很想解讀此祕笈，卻因家道中落，自己又忙著復興家門，始終未曾翻閱。為了償得夙願，他每月前往泉州（大阪府南部）信太參拜明神。

神社位於信太森，葛藤叢生，連白天也昏昏暗暗，更是狐狸鄉。

某年秋天，保名帶著幾名隨從，到信太森參拜。因景色太美，便在神社前搭起幔帳，就地設席張筵，觀賞紅葉。眾隨從也輕鬆自在地與主人傳杯換盞，天南地北地閒聊。突然，樹林內傳來狗叫聲及吵雜人聲。

「發生什麼事？」眾隨從全體站起。

此時，兩隻白狐闖進幔帳，從一方衝至另一方，消失在幔帳外。隨後又有一隻小白狐奔進來，不知是否筋疲力盡，竟在保名眼前呆立不動。看來剛剛那兩隻白狐是眼前這小白狐的雙親。

「狐狸似乎遭狗追趕了，可憐的小東西，別怕，別怕。」

保名將小白狐藏在長袖下時，頓時又闖進數頭狗。隨從之一立即拔刀砍死其中一隻，其他狗見狀有點畏懼，遠遠圍住主從幾人，狂吠不止。之後又衝進來一群武士。

「狐狸逃進這兒是不是？把狐狸交出來！」

「此地是明神境內，不宜殺生。」保名說。

「廢話少說！」

武士之一拔出長刀，砍向保名。保名也拔出長刀應戰。這時，有人大喊：

「你們想奪取我們追趕的狐狸？不准你們動我部下一根毫毛！喂，幹掉他們！」

來人是河內（大阪府東南部）守護大名，住在石川郡，平素作威作福，不得人心。因妻子發高燒，他聽說小狐狸的活肝可以治病，今天帶部下出來狩獵。

雙方刀起刀落，保名的隨從雖奮力應戰，無奈寡不敵眾，接二連三倒地。保名也受了傷，又絆到樹根而跌倒，幾名武士蜂擁而上抓住保名，用粗繩綁住他。

「把他的頭砍下！」守護大名昂然下令。

保名內心擔憂那隻小白狐的安危，環視四周，不見狐狸影子，遂安心地閉上眼。武士之一高舉長刀，正要揮下時，身後又傳來雄厚叫聲：

「慢著。」

「住持，您怎麼來此地？」

「在神聖境內砍人家頭怎麼得了，你們先收起刀，把理由說給老衲聽聽。」

守護大名這般那般地說明來龍去脈，經住持一番勸戒，才答應將保名交給住持處置。住持見守護大名一行人離開樹林，解開保名身上的粗繩，說：

「其實老衲是你剛剛相救的那隻白狐。」說畢，化為小白狐身姿，轉身奔進樹林。

保名拖著受傷的身子，打算回阿倍野鄉，卻因方才那場激戰，口中乾渴，四處尋找溪澗。來到溪澗一看，有個年輕女子正在汲水。女子肩上挑擔，正欲用水桶汲水時，不小心滑落河裡。保名不顧傷口疼痛，奔過去扶起女子。

女子道過謝後，發現保名的傷口，說：

「我住在這山後的草庵，請你跟我來。我先幫你擦藥，你再好好休息一下。」

保名原本打算恢復精神後，馬上離去，但因女子精心照料，一天拖過又一天，終於在草庵同女子住了七年，且膝下有個安倍童子。

日月輪轉，又到了某年秋天——正是保名和女子邂逅那天。

保名已完全成為當地人，這天，出門種田。妻子在家專心織布。院子種滿了保名精耕細作的菊花。聞著菊花香，妻子心神恍惚，朦朦朧朧中，忽聞身後傳來驚叫。

「啊呀，太恐怖了！」

妻子回過神來，發現受驚哭喊的是安倍童子，才明白自己受菊花香所惑，不知不覺中恢復了狐狸身。妻子後悔不堪，在草庵紙門留下一首和歌：「想念我時，請到和泉信太森尋找葛葉

**葛葉姬**

大阪，阿倍王子神社藏

（kuzunoha）。」之後便消失蹤影。

突然失去母親的安倍童子益發傷心，哭哭啼啼。保名回來後看到和歌，揹著童子前往信太森。結果，妻子現身說：「我是住在信太森的狐狸，七年前，蒙你相救，為了報恩，同你結為露水夫妻，但如今孩子已看到我的真正身分，我無顏繼續和你們生活，往後請你代我照料孩子。」

語畢，妻子給了童子一粒智慧玉，煙霧般地消失了。

此童子，正是日後的陰陽博士安倍晴明。

安倍晴明的母親當然不可能是白狐，比較有可能的推論是繩文人，也就是紀元前一萬年的繩文時代以來，便定居於日本列島的原住民，別名「山民」、「海民」。

紀元前三世紀左右起，在中國大陸遭受黃河流域勢力迫害的長江流域古代王國原住民，以及朝鮮半島某些民族，經由朝鮮半島大批陸續渡海而來，這些移民是彌生人。繩文人是狩獵、採集文化，彌生人則為水稻文化。水稻文化的移民必須保有土地，在固定場所定居下來，於是形成部落。這些部落經過長期的爭霸戰，逐漸構築了古代大和朝廷。

而以狩獵、採集為主的繩文人，基本上沒有定居觀念，他們的衣食父母是大自然，仰賴山、河川、大海的產物為生。因而繩文人不受大和朝廷所控制，類似遊牧民族，四處移動。奈良時代，大和朝廷加強中央集權化，以開拓地方之名目迫害繩文人，並蔑稱其為「隼人」（Hayato）、「熊襲」（Kumaso）、「蝦夷」（Emishi）等。

平安時代，繩文人中有一集團名為「傀儡子」（Kugutsushi），經年沿著山岳路線在日本列島各地移動。此集團中又有一群名為「白拍子」的女性，擅長歌舞，是農村舉行祭典時備受歡迎的藝人。而「白拍子」中又有少數具有占卜能力的女巫。

晴明的生母很可能正是這類女巫之一。也因此，晴明天生便能夠看到別人無法看到的「百鬼夜行」。

《今昔物語》記載，晴明還是少年時，某夜，跟隨師父賀茂忠行（Kamo no Tadayuki）前往下京。下京是今日的京都南部。

一行人乘車自皇宮朱雀門出發，穿過朱雀大路，來到京城南方盡頭的羅城門附近。

忠行在車內打盹。

走在牛車一旁的晴明發現前方來了一群青面獠牙的惡鬼，趕忙喚醒師父。

醒來的忠行從窗口探頭望向前方，果然看到一批惡鬼迎面而來。正是「百鬼夜行」。

忠行吩咐眾人躲到牛車後，再施行法術，讓眾人連同牛車隱形，

百鬼夜行圖／東京國立博物館藏

與惡鬼擦身而過。那以後，忠行便將自己所知的陰陽道，悉數傳授給晴明。

忠行的兒子，亦是晴明的師兄，賀茂保憲（Kamo no Yasunori）只比晴明大四歲，在主管陰陽寮的技藝方面，早已達爐火純青的境界。二十五歲時編制日曆，三十四歲時成為曆博士，四十一歲時又任命為陰陽寮長官的陰陽頭。

晴明登上歷史舞台時，保憲剛好四十四歲，任職天文博士。換句話說，當時的賀茂保憲是這個時代的天地陰陽術奇才代表。

之後，由於晴明具有傑出能力，保憲便將至今為止由賀茂家專營的天文道、曆道兩項之一的天文道讓給晴明，再把曆道傳授給親生兒子光榮（Mitsuyoshi）。之後便形成安倍氏掌管天文道，賀茂氏掌管曆道的形式。晴明有吉平（Yoshihira）、吉昌（Yoshimasa）兩個兒子，兩人在陰陽師領域中均占重要地位。

賀茂保憲鍾愛晴明的才華，讓晴明從陰陽寮的下級官員逐步晉升，最後登上從四位下的高位。晴明為天皇及當時的統治者服務，以陰陽術滿足他們的要求，直至過世之前，一直雄踞陰陽師領域的最高權威寶座。

四十歲以天文生身分被記錄在歷史上的晴明，四十七歲成為陰陽師，五十二歲以天文博士身分出現在史料中。

保憲在六十一歲過世後，五十七歲的晴明即成為陰陽寮泰斗。直至八十五歲離開人世之前，晴明始終具有極大影響力。

日本的平安時代之後是鎌倉時代、南北朝時代、室町時代，再之後才是安土桃山時代，也就是俗稱的戰國時代。

戰國時代，朝廷沒落，輪到武士階級治世，陰陽師便從歷史舞台消失了。不過，全國各地的武將身邊必定都有軍師，這些軍師的前身大部分正是陰陽師。

而培訓軍師的學校稱為「足利學校」，創立於一四三九年，第一代校長是當時的易學權威快元（Kaigen）僧侶。每一名軍師候補都必須學占卦、風水、氣象學等知識。「足利學校」直至明治五年（一八七二）才停辦。

戰國武將其實都很在意占卦，武將手中的軍扇也是咒術的一種。軍扇兩面各畫有日、月圖案，萬一碰到不得不出戰的凶日，只要把軍扇的月亮那面顯現在表面，讓日夜顛倒，便可以將凶日改為吉日。

檢驗敵方首級時也有安魂儀式，而檢驗首級之前一定要先為首級化妝，這是女人的工作。

所有戰國武將中，大概只有現實主義者的織田信長不相信這一套，德川家康則非常重視咒術。

德川家康開創江戶幕府時，迎接了天台宗僧侶天海（Tenkai）當幕僚顧問。天海具有豐富的陰陽道知識，為幕府盡力至第三代將軍時才過世。

安倍晴明的後裔是土御門家，江戶時代受德川幕府的庇護，一直掌握著陰陽師集團的實權，並成立「土御門神道」。

安倍晴明

明治維新後，新政府不但剝奪了土御門家製作「曆」的發行權，更廢除了陰陽道。幸好有不少旁支以土御門家為首，暗地結成了「土御門神道同門會」，苟延殘息下來。

一九五二年左右，根據麥克阿瑟將軍所擬訂的信教自由憲法草案，土御門神道才得以成為正式宗教法人，以「家學」名目存續著陰陽道遺產，直至今日。

陰陽道流傳至現代日本，有不少儀式已落實在日本人的日常生活中。例如二次大戰時曾流行一時的「千人針」（Senninbari），那是在一塊白布上請人用紅線縫一針，總計讓千人縫千針，以保佑出征兵士能夠生還的咒術。

另外，用一千張摺紙摺成一千隻紙鶴，再串連成一大串紙鶴，祈求心願能夠達成的「千羽鶴」（Senbaduru），也是陰陽道咒術的變形之一。「千羽鶴」通常用在長期臥病的病人身上，祈求神明保佑病人能康復。孕婦則於懷孕五個月時，必須在戌日纏上「妊婦帶」（Ninputai），目的是祈望能安產。

男子大厄之年是四十二歲，女子大厄之年是三十三歲的觀念，以及除夕夜的除夕鐘必定敲打一〇八下的風俗習慣，均源自陰陽道數理。

總之，對晴明粉絲來說，京都應該是一次必行之地。

住宿在之前是土御門宅邸遺跡的京都布萊頓酒店，再去參拜晴明神社，夜晚到酒店的酒吧喝一杯「Seimei」（晴明）雞尾酒，才是晴明粉絲的速成之道吧。

## 安倍晴明小事典

| | |
|---|---|
| **陰陽道** | 日本神道中的自然科學與咒術，自中國傳入日本，也是日本法術的代名詞。 |
| **晴明神社** | 位於京都上京區，安倍晴明舊宅址旁邊，主神祭祀安倍晴明，日本各地都存在同名神社。 |
| **五芒星<br>桔梗印** | 五芒星是為人所熟知的安倍晴明形象，其為桔梗紋變形的五芒星，也被稱為桔梗印，現在是晴明神社的神紋。每年的七到九月，晴明神社會有季節限定的桔梗守。 |
| **晴明祭** | 每年秋分之日，晴明神社都會舉辦的祭典，其中也包括神幸祭。 |
| **晴明墓** | 位於京都嵐山一個安靜的民宅巷弄中，每年都會在晴明的忌日舉行祭典。 |
| | |

# 明治時代奇女
# 千鶴子與年惠

貞子飛到美國繼續作祟
長南年惠留下勝訴紀錄

## 重要事件表

1860　1870　1880　1890　1900　1910　1920

- 1863　**長南年惠出生。**
- 1870　普法戰爭爆發。美國憲法通過給與黑人投票權。
- 1886　**御船千鶴子出生。**
- 1890　日本開始實施大日本帝國憲法。
- 1895　**警察以「非法行醫」之由拘捕長南年惠。因證據不足而被釋放。**
- 1900　八國聯軍攻入北京。
- 1907　**御船千鶴子與河地可謙結婚。長南年惠去世。**
- 1909　**福來友吉博士等開始研究千鶴子的超能力。**
- 1911　**御船千鶴子去世。**

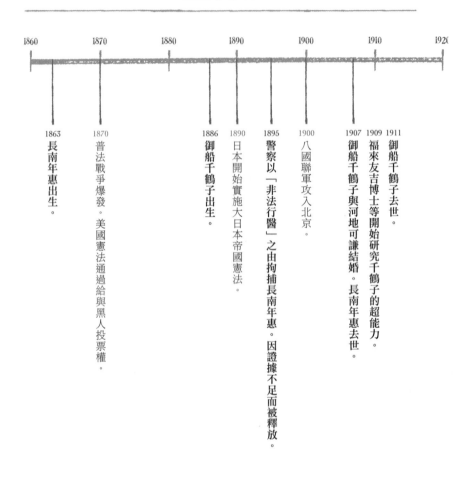

科學是萬能的嗎？不，科學雖然可以證明某些物事存在的原理，但科學仍是個未完成的領域。

例如，有些人具有某種特異能力，人人嘖嘖稱奇，而一些所謂科學家也時常設置滴水不漏的實驗現場，打算破解這些超乎正常人極限的神功。

結果，有人能夠如常地施展神功，令科學家嘆為觀止；有人卻在實驗時失誤連連，不但換來招搖撞騙的罪名，更因此而失去性命。

十九世紀末，英、美、法、德等歐美國家，心靈主義運動興盛；同一時期的日本，世人對超心理學也極感興趣，在學術研究方面，更是別闢蹊徑，創出獨自的流派。

自古以來，日本便有研究透視現象與心靈感應的傳統，明治時代末期至大正時代，世間更掀起一陣空前的千里眼旋風，主角正是鈴木光司（Suzuki Kouji）原著、電影《七夜怪談》裡，山村貞子（Yamanura

御船千鶴子

Sadako）母親一角所本的真實人物：御船千鶴子（Mihune Chizuko）。

御船千鶴子生於熊本縣，家裡為執業中醫，是家中的次女。孩提時代只是個平凡少女，某天，姐夫為她施行催眠術，竟偶然挖掘出她的特異能力，透視尋出海底煤礦區。自此開始，她的人生有了很大轉變。

千鶴子日積月累地訓練自己特殊能力，每天在院子以躲藏在樹木中的昆蟲為對象，感知牠們的存在。

後來，她逐漸能夠透視人體，也能夠治療某些患者的病痛。治療方式極為簡單，只是用手掌貼在患者患部，集中精神，治癒患部而已。

千鶴子的名聲傳到東京大學心理學助教授，亦是文學博士的福來友吉（Fukurai Tomokichi）耳裡。福來博士特地遠行至熊本，經

福來友吉博士

過無數次實驗，證明千鶴子的能力是真材實料。

明治四十年代，日本經濟不景氣，是個陰鬱時代。因此，如彗星般出現的御船千鶴子，立即成為媒體寵兒，各界媒體連番報導她的特異能力。

為了證實千鶴子的能力，東京大學和京都大學的研究者聯手舉行了一場公開實驗。

實驗內容是將任意選出的文字卡片，放在箱子內，卡片甚至折疊了三層，不展開卡片無法得知卡片上寫些什麼字。

御船千鶴子全部透視成功。

最後一次進行公開實驗時，現場有十一名相關領域的博士，其他是媒體工作人員，總計三十餘人。

實驗是任意選出一張寫著「道天德」三字的卡片，放進一個圓筒狀錫製容器，再將容器放進一個木箱中。木箱另用繩子綁起，並加上封條。

木箱轉交給御船千鶴子後，經過十分二十一秒，千鶴子透視成功。當天的第二次實驗，由於御船千鶴子於前夜瀉肚，無法再度集中精神，因而以失敗收尾。

無論任何時代，只要是有關特異能力的公開實驗，物理學者和心理學者總會展開一場熾烈論爭。

正當日本全國的眼光都聚集在御船千鶴子身上時，某位從未參與實驗現場的物理學者，大力批評御船千鶴子的能力是虛誑的，並在報章、雜誌指稱封條有被打開的痕跡，御船千鶴子偷換了容器中的卡片云云。

於是，媒體也隨之變色，轉而攻擊起御船千鶴子。最後，御船千鶴子受不了媒體的中傷與毀謗，於一九一一年服毒自殺，得年二十有五。

另一位名為長尾郁子（Nagao Ikuko）的女子，也同時成為媒體與物理學者的犧牲者。

長尾郁子的特異能力是「念寫」（底片感光）。她也是福來博士挖掘出的人物之一。

當時，物理學會剛發現了X光，大多數學者極力否定這種違背物理法則的「念寫」能力，於是舉行了一場心理學者和物理學者聯手的公開實驗。

然而，主辦這場公開實驗的物理學者，不知是故意或助手出了差錯，竟然沒有在箱子內裝入照相乾板，實驗只能中斷。

媒體歪曲報導了實驗始末，有些報紙甚至誤傳福來博士基於騙局被揭開，向物理學者謝罪的消息。

之後，以福來博士為中心的心理學者們，雖然繼續聚集在長尾家進行實驗，但實驗經常遭受妨害，也有人發送恐嚇信給長尾郁子。

長尾郁子因此而一病不起，於一九一一年的公開實驗過後一個月，與世長辭，享年四十。

連續失去兩名具有特異能力的媒體寵兒後，世間對超心理學的興趣也急速冷卻，學界方面亦是物理學者占上風，福來博士被趕出東京大學。日本靈學研究也在此受挫。

不過，福來博士於一九三一年在倫敦出版的《*Claivoyance &*

長尾郁子

長南年惠

*Thoughtogerphy*》一書，廣博外國超心理學者的好評，並將「念寫」翻譯成「Thought Photograph」。目前似乎直接使用日文發音的「Nensha」。

岐阜縣高山市有「福來博士紀念館」，仙台市也有「福來心理學研究所」，均為福來博士的信奉者所建設。

電影「七夜怪談」中的貞子，或許正是御船千鶴子的化身，也或許是所有具有靈力的女子之代表。否則怎麼會自一九九一年出現在小說中以來，竟不厭其煩地一直在增殖，甚至飛到美國（美國電影版《七夜怪談西洋篇》）、韓國（韓國電影版《午夜冤靈》）繼續作祟呢？二〇一二年更出現了《貞子3D》版，顯然愈來愈進化。

只是，貞子終究是虛構人物，另一位同樣是明治奇女的長南年惠（Osanami Toshie）則為真實人物。這位奇女子，還留下法庭勝訴的紀錄。

長南年惠生於一八六三年，比御船千鶴子年長二十三歲，是山形縣鶴岡市人。她沒有上過小學，不會讀寫文字，少女時代曾在大戶人家當過保姆，由於經常說些預言，近鄰的人便時常找她商討生活中的操心事。後來雇主勸她開一家神巫店，她就成為娘家村落的女巫。

長南年惠生前從來沒有過女性特有的月事，而且外貌始終停在少女時代的長相，不會衰老。二十歲以後，除了喝少量生水、吃少量生蕃薯以外，完全不吃不喝。如果騙她，讓她喝冷開水，她會吐血。由於不吃不喝，當然也就不會排泄，但力氣極大，可以若無其事地提一斗或兩斗水。

在家時，房子經常震動不已，家人也經常聽到半空傳來各種笛子、篳篥、箏、鈴等的合奏音樂。每次半空傳來音樂時，長南年惠通常已陷於入神狀態，並用毛筆揮灑書法或繪畫。據說，她在繪畫或寫書法時，態度和聲音與她本人完全兩樣。

替人醫病時，她只在祭壇前的空瓶上貼上病人的名字，入神後，瓶子便會出現「神水」。假若病人有十個，那麼，十個空瓶內會出現十種顏色和份量均不同的「神水」。求醫的人來自全國各地，而且只要有病人的名字便能治病，病人不用特地前來看病。奇異的是，要是對方只是來嘲弄或患的是不治之症，瓶子便不會出現「神水」。

長南年惠三十二歲時，警察以「非法行醫」之由將她抓走。她在牢房被拘留了六十天，最後因證據不足而被釋放。第二年，又被拘留了七天。三十七歲那年，再度遭逮捕，這回拘留了十天。同一年年底，第四次被捕，並在神戶地方法院公開舉行「神水」實驗。

實驗前，長南年惠一絲不掛地被關進空無一物的電話室。之後，法官親手遞給她一個貼上封條的瓶子。兩分鐘過後，長南年惠即讓瓶子盛滿了茶褐色的「神水」，封條依舊貼著，沒有被撕開。

法官問：「這瓶神水可以治什麼病？」

年惠答：「可以治百病。我沒有特別求神明要醫什麼病。」

結果，法官當場宣判年惠無罪，並獲得年惠同意後，將那瓶「神水」帶回家了。

令人驚奇的是，年惠被拘留時，四周不但有看守，還有眾多相關人員記錄了她在牢房的一切行為。以下是當時的紀錄：

一、全無大小便等排泄物。

二、毫不進食。一次，看守逼年惠吃食，年惠勉強吃了一粒葡萄，卻當場吐血。

三、在牢房內受局長之託，從空中取得一瓶「神水」、一張護身符、一部經典、一包藥粉，送給局長。

四、受囚人之託，從空中取得一包藥粉，送給囚人。

五、牢房看守以及長官都聽到空中的合奏音樂。

六、在牢房內，從未有洗澡、洗髮或託人綁髮，年惠的髮髻卻始終像有人剛幫她綁好烏黑亮麗的樣子，毫無一根落髮。據年惠說，是神明幫她綁髮的。

七、不進食，卻能輕易搬運一斗五升重的水桶。

八、夏天蚊子多，年惠身上卻從未遭蚊子叮咬，經常單獨一人睡在蚊帳外。

長南年惠於一九〇七年，年滿四十三歲時過世。據說，過世前兩個月，她便向身邊的人預告自己即將離開人世。

## 千鶴子與年惠小事典

| | |
|---|---|
| **南岳寺長南年惠靈堂** | 供奉長南年惠的靈堂位於日本山形縣鶴岡市南岳寺境內的淡島大明神殿。 |
| **福來心理學研究所** | 福來友吉原先創立的「大日本心靈研究所」，後來改名為「福來心理學研究所」，專門研究超能力。位於日本仙台。 |
| **福來博士紀念館** | 位於日本岐阜縣飛驒高山的照蓮寺境內，照蓮寺是日本淨土真宗寺院最古老的一座。 |
| | |

# 政治名人

坂本龍馬

豐臣秀吉與德川家康

清水次郎長

# 坂本龍馬
# 與他的妻子阿龍

指引日本步向新時代
留下妻子一人淚涔涔

## 重要事件表

1840　1850　1860　1870

- 1836　坂本龍馬出生。
- 1846　龍馬母親去世，從教授漢學的楠山塾退學。
- 1853　坂本龍馬熱衷學習劍道，於這年取得「小栗流和兵法事目錄」（初級結業證明）。並前往江戶修行劍術。
- 1855　龍馬父親去世。
- 1858　結束江戶的劍術修行。
- 1861　土佐藩發生永福寺事件，激發上士及下士之間的激烈對立。
- 1862　龍馬第一次脱藩。
- 1864　龍馬再次脱藩。
- 1866　龍馬在京都伏見的寺田屋旅館遭捕吏圍捕。
- 1867　坂本龍馬遭刺殺去世。

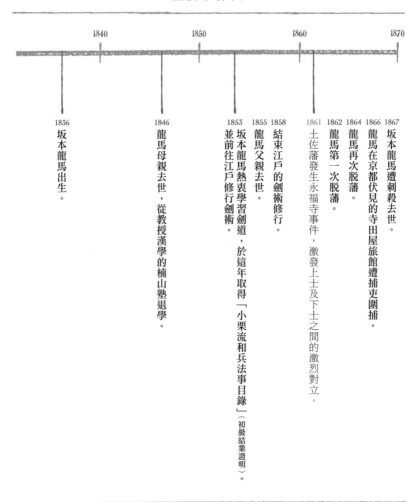

日本德川幕府末期至明治時代，有很多年輕人在歷史舞台上大顯身手，但提到最有名的英雄，應該是脫離土佐藩，看清世界局勢，從而指引日本變革方向的坂本龍馬（Sakamoto Ryo-ma）吧。

如果沒有龍馬策畫出的「船中八策」（Sentyu- Hassaku），大政奉還以及明治維新能否實現，乃是個大疑問。

所謂「船中八策」，是一八六七年（慶應三年），坂本龍馬根據幕政奉還、開設議會等公議政體論政治思想所草擬的八條目國家構想。他為了向藩主山內容堂（Yamauchi Yo-do-）提出建議，於進京時在船上寫成，才有此名。

童年時代的龍馬是個愛哭又老是被欺負的劣等生。不過，成人之後的他，總是一頭亂髮，一身骯髒衣服，即便如此，卻因他個性明朗豁達，據說任何人都會對他留下難忘的印象。

龍馬出生於一八三六年（天保六年十一月），是土佐藩鄉士坂本八平（Sakamoto Hachihei）的次子。

鄉士是身分低微的武士階級，歸類於下士。

坂本家是自富商才谷（Saitani）家另立門戶的富裕門第。

出生名門的龍馬有一個哥哥，三個姐姐，他是五個孩子中最小的，與大哥年齡相差二十一歲。龍馬十二歲時，母親病逝，代替母親養育、鼓勵愛哭的龍馬的人，正是那位有名的乙女（Otome）姊姊。

乙女和龍馬只相差四歲。但乙女個性開朗，是女中豪傑，教授龍馬學問和劍術，拚命想把弟弟培養成能頂天立地的男子。

後來龍馬到日根野道場學劍術，劍術本領進步得很快。個子也逐漸長高，身材亦逐漸魁梧。

五年後的一八五三年（嘉永六年）春天，十九歲的龍馬獲得師父授予的初傳結業證明「小栗流[1]和兵法事目錄」（初傳雖是初

註1——小栗流是以和術為主，結合劍術、槍術、拔刀術、長刀、棒術等的綜合武術。

坂本乙女

一八五三年，黑船來航圖／彥根城美術館藏

級之意，但龍馬於日後又獲得中傳、皆傳的結業證明），決心到江戶留學[2]。

在江戶學習劍術時，龍馬遭遇一件天下大事。一八五三年（嘉永六年）六月三日，培里提督率領美國艦隊來到浦賀外港。自費遊學的龍馬以臨時警衛員身分，被派赴土佐藩品川藩邸，並將此事寫成「黑船消息文」書信寄回故鄉。

在書信中，龍馬寫著「彼時必取異國人頭後再歸國」，用現代文來說，就是「萬一打仗了，我將殺死外國人後再回國」的意思。

該年年底，攘夷青年的龍馬為了學習炮術，進入佐久間象三（Sakuma Syo-zan）的私塾。佐久間象三是那個時代的一流軍事

佐久間象三

註2——初傳、中傳、皆傳等，用現代話來比喻，相當於中學、高中、大學之類的畢業證書。

家、思想家。

一八五四年（安政元年）六月，龍馬完成了期限十五個月的江戶進修，回故鄉土佐。同年十一月左右，龍馬與藩畫家亦是國際知識分子的河田小龍（Kawada Syo-ryo-）邂逅，確立了日後的人生發展方向。

河田建議龍馬購入「外船」（西洋蒸氣船），並學習航海和貿易運輸，為龍馬日後的龜山社中、海援隊構想創設了原型。龍馬因河田而首次理解，在這個地球上原來還有「世界與日本」這種概念。

這時期，排斥外國的攘夷思想逐漸高漲，另一方，幕府則快速地失去了向心力，世間颳起一股推翻幕府，擁立朝廷為國家中心的尊王思想風潮。

在這股激盪的潮流中，龍馬除了聽取有識之士的意見外，也參與土佐勤王黨的活動，但他不願意被束縛在「藩」這個小框子內，因此脫離了土佐勤王黨，而且終於在一八六二年（文久二年）三月堅決實行脫藩。

此時，龍馬二十八歲。

倘若脫藩，不僅坂本家會被問罪，也會被剝奪士籍權。事情當然不僅是龍馬一個人的問題，家族也會遭受連累。這時，正是姊姊乙女提供旅費和刀給脫藩的龍馬。

繼承了戶主地位的大哥權平（Gonpei），在龍馬脫藩的第二天，即向藩申報龍馬失蹤與遺失了刀之事。對長兄權平來說，龍馬的脫藩行為肯定極為棘手。

然而，這位宛如父親身分的大哥，似乎也非常寵愛弟弟龍馬。據說龍馬離開土佐後，他每次上京辦事時，都會去見龍馬，並答應了龍馬說的「四十歲為止想在勝海舟（Katsu Kaisyu-）手下學習」的要求。

剛脫藩的龍馬，還未確定自己往後的目標。但是，與勝海舟的邂逅，竟大大地改變了他的命運。

寺田屋

虛歲二十八至三十三歲的龍馬，東奔西走於日本列島。

有時重返藩國，又不聽歸國命令再度脫藩，有時參與勤王活動，有時又支持長州攻擊幕府，在旁人看來，肯定難以理解他的行動。尤其對歸屬某種思想、體制、派系的人來說，他大概是個毫無條理的男子。

一八六四年五月左右，三十歲的龍馬在京都與二十四歲的阿龍（Oryo-）相遇，不久後舉行婚禮。

一八六六年三月，基於龍馬的斡旋，薩摩藩和長州藩締結了政治與軍事上的同盟條約「薩長同盟」。第二天，龍馬在京都伏見的旅館寺田屋遭捕吏圍捕。

這時，據說正在入浴的阿龍幾乎全裸地趕去告急。龍馬開槍成功逃出，雙手多處被嚴重砍傷，同阿龍一起逃進薩摩藩宅邸。

兩個月後，為了躲避追捕兼療傷，兩人經由長崎前往鹿兒島，周遊霧島附近的溫泉。這正是著名的「日本最初的蜜月旅行」龍馬軼聞。

結束鹿兒島之旅後，兩人踏上歸途。阿龍為了學月琴而留在長崎，龍馬則再度為國事奔波。

第二年十一月初，龍馬自之前遭幕府圍捕的寺田屋，遷移至川原町的醬油商近江屋。十一月十五日是龍馬的生日。

這天，寒氣逼人。感冒遲遲不見好轉的龍馬在棉衣上套件錦襖，又披上黑色雙層禮服外套，坐在近江屋正屋二樓的火盆前取暖。

土佐陸援隊隊長中岡慎太郎（Nakaoka Sintaro-）與龍馬在八疊大的內廳，隔著火盆相對而坐。其他還有擔任護衛的土佐藩士岡本健三郎（Okamoto Kenzaburo-）也在場，但岡本說有事，與跑腿的峰吉（Minekichi）結伴離去。

當時十七歲的峰吉雖是書店的兒子，但時常幫龍馬一夥人做事。因為龍馬說想吃鬥雞火鍋，峰吉才出門到肉舖買鬥雞肉。

另一名龍馬的保鏢兼侍役，原任力士的十九歲藤吉（To-kichi）則在前廳八疊大的房間。峰吉等人出門後，樓下有人來訪，藤吉下樓迎客。

訪客只有一名，對方掏出名片自我介紹說是十津川的鄉士，藤吉也不懷疑，收下名片打算上樓。然而，訪客並非只有一名。

當天夜晚的刺客總共三人。

刺客們二話不說砍向帶路的藤吉，藤吉從樓梯摔下。聽到叫聲的龍馬以為藤吉在跟近江屋的孩子們玩相撲，大聲叱喝「別吵」，結果等於間接告訴了刺客們自己的所在。

提著雞肉回來的峰吉，成為第一個目睹事件現場的人物。

龍馬當場喪身，藤吉於第二天死亡，中岡慎太郎在第三天斷氣。

有關此事件，眾說紛紜，謎團重重，雖然有許多歷史學家在研究，卻無法判明真兇或幕後人到底是誰，真相始終沉沒在歷史的迷霧中，至今仍未浮出。

坂本龍馬的妻子，名為阿龍，龍馬在寄給關係親密的姊姊乙女的

阿龍

書信中，描述阿龍是個「有趣的女子」、「古怪的女子」、「實在是很罕見的女子」。

土佐藩士佐佐木高行（Sasaki Takayuki）則在日記中記載，「雖然是個出名的美女，但不知能否成為賢妻良母，看似善惡兼具的女子」。

阿龍生於一八四一年，比龍馬小六歲。父親是開業醫，從小過著富裕生活。然而，阿龍二十二歲時，父親遭受幕府對勤王派的大鎮壓事件「安政大獄」的連累，雖然沒有被處死刑，卻在不久後即病逝。

父親留下的家產，在新撰組突襲捕捉極端分子浪士的「池田屋事件」騷動期間，全被查抄，一家人的生計陷於困境，最後，兩個妹妹還險遭被人販子賣到妓院。

這時，阿龍懷中藏著刃具，和人販子直接談判。經過一場爭論，阿龍最後成功地帶回了兩個妹妹。

龍馬看不過去，對阿龍一家人伸出援手。他讓阿龍以養女身分，託付給自己常住的旅館伏見的寺田屋。

慶應二年（一八六六）正月二十二日，龍馬在寺田屋遭伏見官廳襲擊。這時，阿龍及時察覺了漆黑院子中有人的動靜，光著身子衝出浴室告急，救了龍馬一條命。據說，正因為此事件，兩人很快便親密起來，最後結為夫婦。

雖然阿龍經由西鄉隆盛（Saigo Takamori）擔任媒人與龍馬結了婚，但兩人的婚姻生活僅維持了一年多，即因龍馬暗殺事件而告終。

得知龍馬的死訊時，阿龍過於震驚，連哭都哭不出來，只是茫然若失地呆立在原地。之後，基於龍馬的遺言，阿龍暫且委身於龍馬的盟友長洲藩士三吉慎藏（Miyoshi Sinzo-）家。

龍馬沒有讓妻子回到原生家庭的坂本家，卻託三吉幫忙照顧，可能因為擔憂性格倔強的阿龍，會和同樣性格剛毅的姊姊乙女，以及坂本家眾人發生衝突吧。

然而，海援隊隊士們商議後的結果，決定讓坂本家領阿龍回去。事情果然如龍馬於生前擔憂的那般，好勝的阿龍在坂本家遭到嫌棄，陷於孤立無援的立場，最終決定離開坂本家。

若根據另一種說法，則是龍馬的姊姊乙女特別討厭阿龍，以「行為不端」為由，將阿龍趕出家門。不過，阿龍本人於晚年描述：「乙女姊姊對我很親切。」

阿龍離開坂本家後，有一段期間住在自己的親戚家，但不久又離開該處，於明治二年（一八六九）夏天返回京都。

光陰流逝，明治八年（一八七五），阿龍三十五歲時，寄居於住在橫須賀的妹妹家，因機緣巧合，同鄰家西村松兵衛（Nishimura Matsubee）再婚，改名為西村鶴（Nishimura Tsuru），一直住在橫須賀。

只是，當時沒有現代所謂的戶籍法，阿龍也沒有和西村舉行正式婚禮，應該說是姘居關係。

坂本龍馬

然而，阿龍似乎沒有因改嫁而療癒了身為龍馬的妻子的自豪感，以及丈夫比自己先過世的遺憾。她經常酗酒，喝醉時會大吵大鬧說「我是龍馬的妻子」，任何人都拿她沒辦法。

有人見過五十七歲時的阿龍，根據該人描述，當時的阿龍一張圓臉，嫵媚可愛，雙眼明亮，富有魅力，可說是個姿容濃艷的半老徐娘。

據說阿龍當時身穿一件洗得退色的夾衣，其上再披著褪色的黃長棉坎肩，由此也可看出阿龍當時過的是陋巷簞瓢的貧窮日子。

明治三十九年（一九〇六），六十六歲的阿龍與世長辭。松兵衛為她建立的墓碑上，刻著「坂本龍馬之妻龍子之墓」的文字。

## 坂本龍馬小事典

| | |
|---|---|
| 坂本龍馬紀念館 | 位於高知縣高知市，介紹坂本龍馬的生涯、人格、周邊人物等，也重現了近江屋。另外也展示坂本龍馬被暗殺時沾上了血跡的屏風，也專門收藏龍馬的書信。 |
| 龍馬誕生地紀念博物館 | 位於高知市上町，以介紹龍馬出生至十七歲時的資料，還有龍馬誕生紀念碑在附近。 |
| 靈山歷史館 | 在京都清水寺附近，沿著「維新之道」就可看到這間介紹幕末維新過程的博物館，而坂本龍馬的墓，就在博物館旁靈山護國神社後的山坡上。 |
| 龍馬歷史博物館 | 除了誕生地高知之外，在長崎、北海道也有和龍馬相關的博物館。 |
| 脫藩之道 | 龍馬脫藩之後，為了日本維新奔走所走的路線稱之，現在是「日本の道一百選」之一，此路線從高知市的土佐藩出發，最後到山口縣的下關市，距離約二百五十公里。 |
| 十一月十五日 | 每年在這天京都會辦龍馬祭悼念坂本龍馬，但在高知則是舉辦紀念龍馬誕生的活動。 |
| | |

# 豐臣秀吉<br>與貓與德川家康

幕前幕後均是一流導演
大動干戈硬要尋找愛貓

# 重要事件表

1530　1540　1550　1560　1570　1580　1590　1600　1610　1620

- 1537　原名木下藤吉郎的豐臣秀吉出生。
- 1543　德川家康出生。
- 1554　豐臣秀吉以小者的身分成擔任織田信長的家僕。
- 1561　豐臣秀吉與淺野長勝的養女（淺野長政的義妹）寧寧結婚。
- 1582　明智光秀發動兵變夜襲投宿在本能寺的織田信長，即本能寺之變。
- 1583　豐臣秀吉在石山本願寺的舊址上建立大阪城。
- 1586　德川家康前往大阪城拜見豐臣秀吉，家康向秀吉臣從。
- 1598　豐臣秀吉去世。
- 1603　德川家康出任征夷大將軍，創立江戶幕府亦稱德川幕府。
- 1616　德川家康去世。

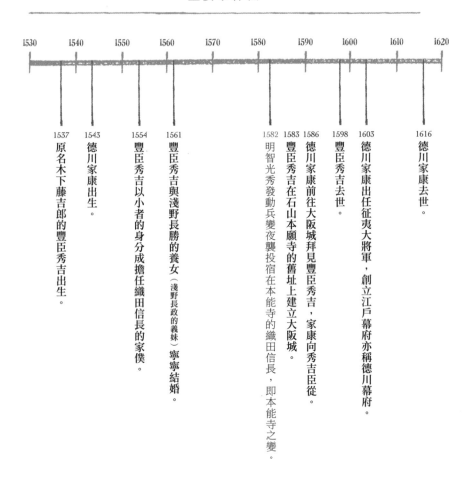

豐臣秀吉（Toyotomi Hideyoshi）到底於何時正式繼承了織田信長（Oda Nobunaga）的政權呢？有關這點，日本專家眾說紛紜，各執己見。

在此不詳述內情，只大致說明事情的源由。

織田信長於本能寺喪身後，豐臣秀吉用盡各種辦法打算接管織田政權。他先後擊倒織田信長的有力家臣和三子，最後和德川家康（Tokugawa Ieyasu）與織田信長的次子織田信雄（Oda Nobukatsu）聯盟軍對打。

這場仗，實質上是豐臣秀吉和德川家康的爭權戰，彼此打了半年多。卻由於織田信雄途中擅自脫離戰線，德川家康失去大義名分，只得撤兵。

撤兵並不意謂德川家康臣服於豐臣秀吉，只是將舞台從戰場移至外交談判桌而已。

豐臣秀吉死纏活纏地硬是要德川家康上京拜見，家康不理會。站在家康的立場來看，假若真的上京拜見，等於臣服於豐臣秀吉，並承認豐臣政權。

因此，無論豐臣秀吉使出什麼威逼利誘手段，德川家康均視若無睹，宛如這世上沒有豐臣秀吉這號人物那般。

秀吉有個同母異父妹妹，名為朝日姬（Asahihime）。朝日姬早已是某武士的人妻，秀吉強行命妹妹離婚，並把妹妹送至家康居城所在的濱松。

秀吉的理由是：「你老是過著單身漢日子，未免太寂寞了。我送我妹妹過去，你收下當做續弦好了。」

德川家康是何等人物？他會寂寞？這事就算說給上天聽，上天恐怕也會因理由過於荒唐而情不自禁地連打噴嚏吧。

家康自從處死正妻築山殿（Tsukiyamadono）以後，確實一直沒有

德川家康

再婚。但這並不表示他身邊沒有女人。不過，「沒有正式夫人」倒是事實。豐臣秀吉正是逮住這個漏洞，乘隙而入。

家康若拒絕，雙方很可能會再度開戰，因此家康只得接納這位主動送上門來的夫人。如此，家康便成為秀吉的妹婿。

然而，家康仍按兵不動，不肯上京。

或許，家康認為只要娶了秀吉的妹妹，往後就可以迴避秀吉接二連三的外交攻勢。

遺憾的是，豐臣秀吉比德川家康高一籌。送妹妹過去後，緊接著就送自己的生母過去，理由是「讓老母去探望女兒朝日姬」。

豐臣秀吉非常孝敬自己的生母大政所（Oomandokoro），這在當時是眾所周知的事。況且對德川家康來說，大政所是岳母，哪敢怠慢？

不要說明眼人了，恐怕連在田裡幹活的村夫野老都看得出這全是秀吉的策略。

看得出歸看得出，這下可真難倒了德川家康。

畢竟普天下人均睜大眼睛在觀看這齣戲啊。

秀吉第一次送妹妹過來時，家康即便拒絕上京，其他大名也很可能會暗地豎起大拇指，讚歎家康有骨氣。可是，第二回送來的是秀吉極為孝敬的老母……你若再堅持下去，別人怎麼看你呀！

恐怕只會說你「是個不懂得該怎麼收場的無用男人」。

結果，德川家康只得認輸，決定上京。

下決定之前，家康當然派人去確認來人是否真是秀吉的老母。

大政所從京都出發，抵達岡崎城；朝日姬則從濱松出發，前往岡崎城迎接母親。母女倆一見面便抱頭相擁痛哭不已，家康接到報告後，才公布上京消息。

德川家家臣深恐家康在大阪或京都遭遇不測之禍，特地在大政所和朝日姬的住宿四周堆滿了薪柴。

如此，豐臣秀吉足足花了兩年半的時日，用盡了一切外交政策，才讓德川家康抬起生釘的屁股，啟程前往大阪。

在大阪城的大廳，豐臣秀吉居正面中央上座，左右兩排坐滿了諸大名，德川家康的位子是末席。

諸大名均興致勃勃、一臉好奇地打算觀看好戲。

只見家康在遠遠的末座平著身子叩拜問安，秀吉則在上座傲氣十足地說：

「德川三河守，這趟遠路，辛苦你了。」

看到這種場面，諸大名無一不頻頻點頭，猶如家康這回的行動證明了豐臣秀吉的權威並非擺空架子，而是實質上已確立了。

然而，事實真是如此嗎？

原來幕後還有一齣更好看的戲。

根據德川家家臣松平家忠（Matsudaira Ietada）記載的《家忠日

大阪城

記》，德川家康在大阪留宿的居所是秀吉同母異父的弟弟羽柴秀長（Hashiba Hidenaga，豐臣秀長）的宅邸。

換句話說，秀吉的生母大政所和妹妹朝日姬被關在岡崎城當人質，德川家康則被關在羽柴秀長宅邸當人質。

秀吉在接見諸大名和家康那天的前一天夜晚，身邊只帶了幾名護衛，私訪德川家康。

家康沒料到秀吉會來這一招，慌忙命人準備接待。

秀吉卻制止家康，浮出苦笑地向家康說：「我是來拜託你一件事。」

「請說。」

「你也知道，我出身卑賤，我更深知，沒有任何一個大名是打心底服從我。所以，我來拜託你在明天的接見席上，委屈一下，向我表示服從好不好？其他大名看到你向我伏身問安的話，應該會對我尊敬一點……」

據日記記載，家康當時客套地答應願意照辦。

翌日，家康果然照辦了。

只是，日記沒有記載家康當時的真正心情。

我想，家康在當晚大概一夜無眠，翻來覆去地一直在思考該如何應對吧。

豐臣秀吉，豐臣秀吉啊，你真是個既會編劇又會演戲，更會導演的機靈猴子。

我們後人，無話可說，五體投地，甘拜下風。

不過，這隻猴子再如何機靈，碰到貓時，似乎也沒戲可演。

戰國武將有不少愛貓人。首屈一指的正是綽號為「猴子」，完成統一天下大業的豐臣秀吉。看秀吉的肖像畫，他的面貌其實不像猴子，反倒酷似「老鼠」。

事實上，秀吉的主君織田信長正是喚他為「禿鼠」。老鼠與貓，理應交情不好，但這位禿鼠秀吉卻非常愛貓。

自古以來，日本人養貓的目的並非基於貓具有捉老鼠本領的實用性，而是把貓當做寵物。古典文學《枕草子》以及《源氏物語》中，均有描述用繩子拴住備受寵愛的貓，而且貓脖子還掛著牌子的場景。

豐臣秀吉

豐臣秀吉在大阪城養了貓。那隻貓到底是什麼樣的貓，如今已無從獲悉，只知道秀吉極為寵愛那隻貓。

然而，文祿二年（一五九三年）十月，那隻貓竟莫名地失蹤了。貓突然離家出走不回來，通常是為了尋求母貓，跑得太遠而迷了路。秀吉的愛貓大概是公貓吧。

統治天下的秀吉，命任職司法奉行的淺野長政（Asano Nagamasa）尋貓。淺野長政是豐臣政權下最高位的奉行，相當於現代的法務大臣。

也就是說，內閣總理對法務大臣下令：「把我的貓給找回來！」

這分明是公私不分，但長政不敢違命。

淺野長政費盡心思到處找貓，可大阪城太大了，何況應該也有許多樹林和草叢，根本不可能找到貓。束手無策的長政寫了一封信給一位正在建築伏見城，名叫野野口五兵衛（Nonoguchi Gohei）的人。

「聽說閣下有一隻黑貓，兩隻虎皮貓，能不能把虎皮貓中比較漂亮的那隻借給我一陣子。我這邊也會盡力尋找失蹤的貓，到時候會把貓還給你。」長政在信中如此懇求。

雖然現在仍存留著這封關於貓的借據，可惜我們後人無從得知秀吉究竟有沒有看中借來的貓，以及逃掉的貓是否找著了。不過，既然長政想借的是「虎皮貓」，可見秀吉的愛貓應該是虎紋貓。

總之，即便憑藉天下人的太閤勢力，也無法在大阪尋得一隻貓，還得特意拜託住在伏見的人，由此可知當時的貓有多貴重。

附帶一提，秀吉在大阪城時，睡的是床榻。床榻長七尺（約二・三公尺），寬四尺（約一・三公尺），高一尺四寸或一尺五寸（約四十三～四十五公分）。金屬零件全部使用黃金。臥室大小則為九間[1]（約三十公尺）見方。

註1——「間」（ken）為日本的長度單位，主要用在土地、建築物，「一間」為六尺，約一・八公尺。

## 豐臣秀吉小事典

| | |
|---|---|
| **京都高台寺** | 位於京都府東山區，是豐臣秀吉的夫人北政所寧寧，在秀吉去世後的居所，寧寧去世後， 其墓也供奉在此。 |
| **大阪城<br>天守閣** | 豐臣秀吉建大阪城，裡面的天守閣展示關於豐臣秀吉的相關展品和資料。 |
| **豐國神社** | 祭祀秀吉的神社有好幾間，其中包括京都豐國神社、大阪豐國神社、長濱豐國神社、名古屋豐國神社等。 |
| **豐臣秀吉墓** | 位於日本和歌山縣的高野山，德川家族墓均位於此。織田信長、石高三成的墓也都在此。 |
| | |

# 東海道賭徒大頭子
# 清水次郎長

賭徒頭子浪跡江湖
終生不忘糟糠之妻

# 重要事件表

1820 1830 1840 1850 1860 1870 1880 1890 1900 1910 1920

- 1820 原名山本長五郎的清水次郎長出生。
- 1830 法國七月革命爆發。
- 1836 法國巴黎凱旋門落成。
- 1842 中國將香港割讓給英國。
- 1858 次郎長的第一任妻子去世。
- 1868 駿府（靜岡縣）官衙命次郎長任職護衛，並允許他稱姓帶刀。
- 1869 次郎長的第二任妻子被舊德川幕府的無業武士砍殺去世。
- 1889 法國艾菲爾鐵塔落成。
- 1893 清水次郎長去世。
- 1916 比次郎長小十七歲的第三任妻子去世。

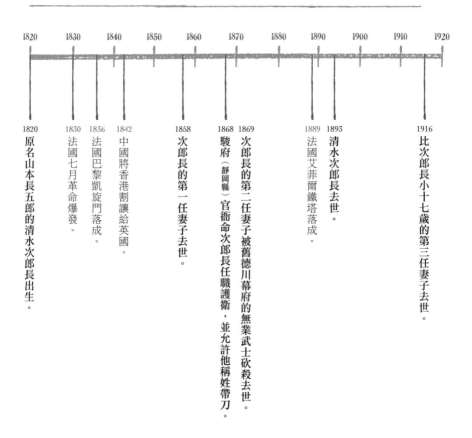

在電視或電影時代劇中廣為人知的賭徒大頭子，清水次郎長（Shimizu Jirotyo-）和他的手下大政（Oomasa）、小政（Komasa），均非虛構角色，而是在日本幕末維新期至明治中期這段動盪時代中的實際人物。

一八二〇年，次郎長以三子身分出生於靜岡縣清水市某船商家，原名山本長五郎（Yamamoto Tyo-goro-），八歲時過繼給從事白米批發商的叔父山本次郎八（Yamamoto Jirohachi）當兒子，之後通稱「次郎長」。

年輕時便以好打架聞名。二十歲時，養父病逝。次郎長繼承了家業，老實地過著日子，但二十二歲時，一位行腳僧為他看相，僧人對他說「很難活到二十五歲」。

©2004 National Diet Library, Japan. All Rights Reserved.

清水次郎長

愕然失色的次郎長自暴自棄地認為，「那我乾脆活得短暫又燦爛」，於是步入浪跡江湖的賭徒世界。之後，次郎長與同業賭徒展開一連串的鬥爭，在東海道逐漸擴展勢力。據說全盛時期的勢力延伸至名古屋。

明治政府即將替代德川幕府的一八六八年元月三日，一萬五千幕府軍和四千五百薩長軍在京都鳥羽、伏見起衝突，入夜後，幕府軍戰敗。三月，高懸朝廷旗幟的官軍往江戶進兵時，駿府（靜岡縣）官衙突然命次郎長任職護衛工作，並允許他稱姓帶刀。

當時的德川幕府已經如風中殘燭，但明治政府還未正式成立，全國各地都很混亂，尤其交通要道更亂。東海道是西國前往東國的主要大道，而掌控東海道的黑幫頭子正是清水次郎長。

駿府官衙拜託清水次郎長負責東海道的治安，應該說是明智之舉。如此，清水次郎長在一夜之間從賭徒大頭子晉升為新政府護衛要

咸臨丸難航圖／橫濱開港資料館藏

人，而官軍也在四月達成了「江戶無血開城」大任。七月，「江戶」改稱「東京」；九月，新政府改元「明治」，並宣布「一世一元制」[1]。

該年八月，舊幕府海軍副總裁榎本武揚（Enomoto Takeaki）率領「彰義隊」倖存者與其他抗戰派同志，以及八艘軍艦，從品川港出發前往蝦夷地（北海道）尋求新天地。不巧，遇上暴風雨，軍艦在駭浪大海中漂流。其中一艘「咸臨丸」為了修補折斷的桅桿，駛進清水港進行修理。

九月中旬，海面突然出現三艘官軍軍艦，同時炮轟「咸臨丸」。雖然「咸臨丸」舉起白旗，但官軍仍毫不留情地殺進艦內。事後，官軍還特地在大街小巷豎立佈告牌，不准當地老百姓窩藏已上岸的咸臨丸餘黨，也不准任何人接觸海面的屍體。頓時，清水港亂成一團。

註1——所謂一世一元制，即一位君主任期內只能用一個年號的制度。

眾人因深恐被官軍盯上，沒有人敢去撈回遺體給予埋葬，船員的屍體全被棄置於岸邊或海面。漁夫們無法出海工作，只能找大頭子清水次郎長商討問題。

次郎長準備了三艘船，召集了所有手下，於黑夜瞞人眼目地撈回幕府軍遺體，運至家鄉私有地，給予厚葬，並立了墓碑。

基於此事件，次郎長與當時任職靜岡藩大參事的舊幕府官員山岡鐵舟（Yamaoka Tesyyu）認識，交誼漸深後，更改變了人生觀。

自此以後，次郎長與暴力世界訣別，將全副精力投入海運事業、開墾、英語教育等社會事業。

他大概因親眼目睹世間的急劇變動，認為畢生老是為爭地盤而鬥得你死我活的黑幫，是極為渺小的存在。

倘若他沒有認識山岡鐵舟，可能終其一生都是黑幫人物，更不會於後世留下「東海道首屈一指的俠客」美名。

次郎長生前娶了三位妻子，三人的名字皆為阿蝶（Otyo-）。

第一任阿蝶本為次郎長的知己的妹妹，在次郎長仍浪跡江湖的時期結婚，一起度過十年左右的光陰。

夫妻倆身在名古屋時，阿蝶臥病，無奈當時過的是流浪外鄉的日子，沒法請醫生好好看病，導致阿蝶病情惡化，於一八五八年十二月末病逝。

雖然辦了葬儀，卻因為是在旅途中過世，次郎長無法為她修墳建墓，深感遺憾。由於忘不了第一任阿蝶，所以他讓第二任妻子也叫做阿蝶。

第二任阿蝶是東京深川的藝伎，兩人在伊豆因偶然同住一家旅館而認識。

然而，第二代阿蝶於明治二年（一八六九年）悲慘地結束一生。據說是舊德川幕府的無業武士砍殺了阿蝶，阿蝶雖然沒有當場死亡，卻

清水次郎長銅像

在傍晚斷氣。

第三任阿蝶是武家女子，具有武家子女應備的教養，比次郎長小十七歲。她當上大頭子的妻子，肩負底下有眾多手下的黑幫一家重責，應該很辛苦。

次郎長於一八九三年過世，享年七十四，第三任阿蝶則於一九一六年以八十一歲高齡離開人世。她的辭世詩是：「離開無指靠的現世，換上旅途裝束，我要去見彼世的人，真是欣喜若狂」。

「彼世的人」指的當然是亡夫次郎長。次郎長的墳墓位於清水市梅陰寺，一旁立有妻子阿蝶的墓碑。墓碑上融洽地並排著第一代、第二代、第三代阿蝶三個戒名[2]。

註2——「戒名」是日本佛教式的法名，由於德川幕府規定葬儀都得在佛教寺院舉行並建墓，因此非佛教信徒於死後亦有戒名。現代已廢除此令，大多為無宗教派式的公墓。

## 清水次郎長小事典

| | |
|---|---|
| 次郎長出生地 | 位於日本靜岡市清水區，展示清水次郎長的照片和相關資料。鄰近重新復原的清水次郎長船宿「末廣」，次郎長曾在此開始英語教育。 |
| 清水次郎長銅像 | 位於清水市梅陰寺，除了清水次郎長的墓在此之外，還有全日本唯一一座次郎長的銅像。 |
| | |

# 番外篇

從明治到昭和的沙龍文化

作家與貓物語

紫式部與清少納言比較論

惡女　阿部定

# 風流消歇——
# 從明治到昭和的沙龍文化

## 文人的集散地

如果說，揭開日本近代文學史序幕的是坪內逍遙（Tsubouchi Syo-yo-）的《小說神髓》，那麼，日本近代白話文小說的先驅應該是二葉亭四迷（Futabatei Shimei）的《浮雲》。坪內逍遙和二葉亭四迷只相差五歲，自然而然成為摯友。

而在坪內逍遙發表《小說神髓》的一八八五年，十八歲的尾崎紅葉（Ozaki Ko-yo-）與幾位志同道合的文藝青年也組成「硯友社」（Kenyu-sya），並發行「我樂多文庫」[1]同人

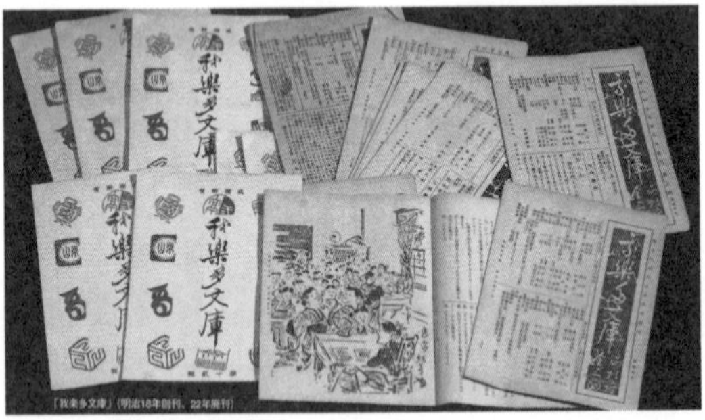

我樂多文庫

雜誌。

這些寫實主義作家可以說是日本近代文學的領導人，而「硯友社」正是當時文壇首屈一指的文化沙龍。

接下來是「龍土會」（Ryu-dokai），這是日本民俗學鼻祖柳田國男（Yanagita Kunio）於一九〇四年左右，由於家中訪客太多，應接不暇，乾脆將討論會場移到東京麻布法國菜餐廳「龍土軒」（目前仍在開業），之後逐漸廣為人知的自然主義文人沙龍。

此集會結社，除了多位當代作家如島崎藤村（Shimazaki To-son）、田山花袋（Tayama Katai）、德田秋聲（Tokuda Syu-sei）等熟面孔外，更匯合其他畫家與詩人，規模不小。

四年後，北原白秋（Kitahara Hakusyu-）、吉井勇（Yoshii Isamu）等現代詩人與自由畫倡導者山本鼎（Yamamoto Kanae），

註1——「我樂多」（garakuta）發音與「破爛貨」相同。

以及石井柏亭（Ishi Hakutei）等畫家又創辦了「Pan之會」，會場雖輾轉遷移，卻始終選在永代橋、日本橋等江戶情趣濃厚的地區。

「Pan」取自希臘神話中的牧羊神，「Pan之會」日後演變為唯美、享樂主義藝術派沙龍。

此外，規模雖不及「龍土會」與「Pan之會」，地位卻舉足輕重的沙龍，正是明治時代兩大文豪森鷗外的「觀潮樓」與夏目漱石的「漱石山房」。

森鷗外家因可以自二樓眺望東

「漱石山房」，位於新宿區

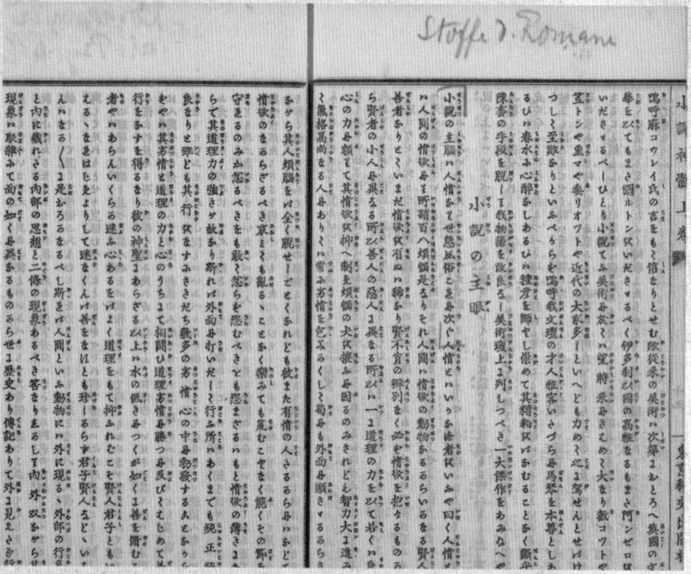
Stoffe d. Romane

小説神髓上巻

嗚呼麻コウレイ氏の言をもし信なりとせむ歐州の美術は次第におとろへ英國の
華を以てもまさ彌ルトン氏いだきまするべく伊多利國の高雅なるもまさ門ンゼロ氏
いだきまするべし ひとり小説てふ美術に於ては望將來ますます大なり數コツトや
宮トンや里マや乘リオツトや近代の大家多しといへども力めて之に駕せんとせば
つして至難なりといふべうらを嗚呼我文壇の才人雅客いさづら馬琴を本尊とし
るひは春水に心醉なしあるひは種彦を師とし崇めて其糟粕をなむることなく斷乎
陳套の手段を脫して我物語を改良なし美術壇上に列しつべき一大傑作をあみなへ

小説の主眼

小説の主腦は人情なり世態風俗これに次ぐ人情とはいかなる者をいふや曰く人情と
は人間の情欲にて所謂百八煩惱是なりそれ人間は情欲の動物なるらいかなる賢人
善者なりとていまだ情欲を有ぬは稀なり賢不肖の辨別なく必ず情欲を抱ぐるものな
ら賢者の小人に異なる所以善人の惡人に異なる所以は一に道理の力を以て若くは良
心の力に賴りて其情欲を抑へ制え煩惱の犬を攘ふに因るのみされども智力大に進み
し氣格高尚なる人にありては常に劣情を包みかくして苟にも外面に顯さゞるなら
なから其人煩腦をば全く脫せしごとくなれども彼また有情の人なるならなにかとて
情欲のなからざるべき哀をもそ亂る、ことなく樂みても荒むことなく能くその節を
守るのみか怒るべきをも敢て怒らず恐むべきとも恐まざるはもと情欲の羈を
らて其道理力の強きが故なり斯れば外面にあらはしだして行ふ所はあくまでも純正
良なりと雖ども其行ひをなすにさきだち幾多の劣情心の中に勃發するあともなう
そやは其劣情と道理の力と心のうちにて相鬪ひ道理が劣情に勝つに及びてはじめて
行をなすを得るなり彼の神聖にあらざる以上は水の低きにつくが如くに善を偏む
者やはあらんいくらの迷ふ心あるをばよく道理をもて抑ふれこそ賢人君子とも
える、なきはじえよりして迷なくんば善をなはとも珍しからず君子賢人など、い
んはなるへくに是おろかなるべし斯さば人間といふ動物には外に現る、外部の行
と內に藏れたる內部の思想と二條の現象あるべき筈なりまあしも內外双なから
現象は駁雜にて面の如くに異なるものならせば歴史あり傳記ありて外に見えさる行

《小說神髓》，書中的紅筆是森鷗外寫的

Pan之會，右邊彈三味線的是木村莊八、中間托腮的是谷崎潤一郎，左邊站立著說話的是小山內薰（木村莊八畫）

京灣，取名為「觀潮樓」，時常宴請北原白秋、石川啄木（Ishikawa Takuboku）、與謝野寬（Yosano Hiroshi）、伊藤左千夫（Itou Sachio）等歌人在二樓進酒作樂。

「漱石山房」則兼容並蓄了眾多哲學家、小說家、評論家，而且均是夏目漱石的門生，性質與一般沙龍截然有異，類似私塾。

夏目漱石不喜歡結黨連群，理所當然慕名而來的大部分是甘拜下風的文人，包括創辦《赤鳥》兒童文學雜誌的鈴木三重吉（Suzuki Miekichi）、曾任法政大學校長，亦是能樂研究家的野上豐一郎（Nogami Toyoichiro-）、野上彌生子（Nogami Yaeko）、內田百閒（Uchida Hyakken）、芥川龍之介（Akutagawa Ryu-nosuke）、思想家阿部次郎（Abe Jiro-）、創辦岩波文庫叢書的岩波茂雄（Iwanami Shigeo）……這些門生日後均成為大正時代教養派主峰，也是大正時代文化界的火車頭。

夏目漱石也是受不了每天門庭若市的生活，便將聚會訂在每週星期四，正是名垂後世的「木曜會」。

大正十二年，也就是一九二三年關東大地震後，許多文人紛紛逃離東京遷居到關西地區，來自東京的作家或詩人通常借宿於寺院。金子光晴（Kaneko Mitsuharu）、井上靖（Inoue Yasushi）、谷崎潤一郎（Tanizaki Junichiro-）等則聚集在京都。

一九二六年，僅僅持續了十五年的大正時代告終，日本跨入昭和時代。

昭和二年，日本金融恐慌爆發，中國方面是蔣介石發動政變，成立南京政府；昭和四年，紐約股市大崩盤，帶動全球性經濟蕭條；昭和六年，滿州事變；昭和十六年，第二次世界大戰……大正末期至昭和中期是日本動亂時期，作家無法再自由發表作品，更必須承受「掃赤」壓力。

此外，一般人的入伍通知單是「紅紙」，作家則是「白紙」，收到徵用令時，必須到前線當隨軍記者寫戰地通訊。
根據紀錄，馬來西亞方面有井伏鱒二（Ibuse Masuji）、小粟虫太郎（Oguri Mushitaro-）、海音寺潮五郎（Kaionji Tyo-goro-），爪哇婆羅州方面有大宅壯一（Ooya So-ichi）、北原武夫（Kitahara Takeo）、武田麟太郎（Takeda Rintaro-），菲律賓方面有石坂洋次郎（Ishizaka Yo-jiro-）、今日出海（Kon Hidemi）、火野葦平（Hino Ashihei），海軍方面有石川達三（Ishikawa Tatsuzo-）、海野十三（Unno Ju-zo-）、丹羽文雄（Niwa Humio）、山岡莊八（Yamaoka So-hachi）。
火野葦平於昭和十三年得到芥川賞時，正是在戰地舉行頒獎儀式。而究竟有多少當代作家死在戰場，不得而知。
戰後，東京到處是龍蛇混雜的黑市、無家可歸的流浪兒、花枝招展挽著占領軍手臂的年輕女孩、蹲在路邊為人擦皮鞋的老太婆、臨時搭建的白鐵皮窩棚……定居於東京的作家當然也在劫難逃。

生活未盡溫飽，又何能著書立說？

戰爭結束那年，坊間馬上出現第一本文藝雜誌。那是用一張菊版紙疊成三十二頁的雜誌，既沒有封面，第一頁便是目次和本文，邊緣也沒有裁開，閱讀時必須自己用手指裁。

之後，雜誌上逐漸出現疏散到外鄉如正宗白鳥（Masamune Hakutyo-）、宇野浩二（Uno Ko-ji）、太宰治（Dazai Osamu）等作家的作品。

這時期的編輯非常辛苦，為了得到作家原稿，時常奔波於全國各地，探訪潛居外鄉的作家。

有錢有背景的文人均疏散到外鄉另立門戶，例如谷崎潤一郎（Tanizaki Junichiro-）在京都便衣豐食飽。一些從東京搭夜車遠路迢迢前往京都邀稿的編輯，據說可以在谷崎潤一郎家享受到白飯、味噌湯、烤魚、泡菜等豐盛早餐，而這些編輯在東京根本吃不到白飯。

沒錢又沒背景的文人只能窩在瘡痍滿目的東京，每天大排長龍吃完一碗麵疙瘩湯後，口袋裡還有零錢時，再跑到黑市盡頭隨意用白鐵皮搭成的酒攤子，喝幾杯摻雜工業酒精的劣酒，口沫橫飛地吐吐苦水。

這便是日後的「文壇吧」雛形。

**文壇吧與文士劇**

以太宰治為主的無賴派作家（也是戰前派作家），經常聚集在銀座一家名為「Lupin」的酒吧；而戰後才登壇的作家如安部公房（Abe Ko-bo-）、大岡昇平（Ooka Syo-hei）等戰後派作家，則喜歡邀約在新宿路邊攤喝酒。

隨著時代前進，「文壇吧」也愈來愈豪闊。

銀座、新宿都有幾家特定「文壇吧」，而且每家「文壇吧」都有其特色：小作家一進大作家盤踞的酒吧，大氣都不敢吭一聲；新人作家通常喜歡和編輯、週刊首席記者混在一起；純粹喝酒派的不會同酒吧女郎鬧出緋聞；報導文學作家身邊多是電影人士……有趣的是，暢銷推理作家、科幻小說作家、歷史小說作家、女性作家等，都罕得出現在「文壇吧」。

三島由紀夫（Mishima Yukio）通常在自己家舉辦酒會，偶爾好奇踏勘夜世界時，也都選擇一般年輕人常去的舞廳或爵士樂酒吧，且十點過後必定離席。因為他自設的門限是十一點，即便想喝酒，也會邀人到自己家來喝通宵。

除了「文壇吧」，也有一批文人是高爾夫球友，石川達三（Ishikawa Tatsuzo-）與丹羽文雄（Niwa Humio）是文壇高爾夫球大會中之二雄，其他如柴田鍊三郎（Shibata Renzaburo-）、井上靖（Inoue Yasushi）、源氏雞太（Genji Keita）等也都是球員之一。

另外值得一提的是「文士劇」，當時由《文藝春秋》主辦的「文士劇」，每年秋季都在東京日比谷東寶劇場公演，演員全體都是作家，連忙得沒時間逛「文壇吧」的暢銷作家，也會在百忙中撥空參加。

大概自七十年代初起，「文壇吧」逐漸沒落，「文士劇」也早已偃旗息鼓，現代日本文人不屑每晚徘徊在燈紅酒綠巷弄尋求同業者的認同，也不必蟻聚在東京打聽同業者的動向。

電腦可以代傳稿件，從每月寄自各種協會的大大小小頒獎慶宴邀請單，也能得知同業者的動向。

太宰治常去的酒吧 Lupin，
位於東京銀座

太宰治於一九四六年在酒吧 Lupin 拍的照片

或許，由於文藝細分化，所謂的「文壇」也隨之解體，往昔的「文人沙龍」亦變成一片散沙？

不過，一九九五年由作家高橋克彥（Takahashi Katsuhiko）當發起人的「盛岡文士劇」非常有名，每年十二月初召集作家、文藝界名人分為兩班，在岩手縣盛岡市盛岡劇場演出現代劇、時代劇各兩場。

通常十月初就開始賣門票，只是眨眼間便賣光，使得一般外地讀者很難買到門票。

因為演員是非專業演員，據說這些「文藝界大作家老師」往往不是忘了台詞，就是在台上即興穿插台詞，而且因台詞盡可能用岩手縣方言，時常引得觀眾席滿堂爆笑。

二〇〇六年演的時代劇是「新選組」，北方謙三（Kitakata Kenzo-）演近藤勇（Konto- Isamu），淺田次郎（Asada Jiro-）演桂小五郎（Katsura Kogoro-），高橋克彥演土方歲三（Hijikata Toshizo-）。

最近的二〇一二年第十八回「盛岡文士劇」，特別嘉賓演員是林真理子（Hayashi Mariko）、內館牧子（Uchidate Makiko）等大牌女性作家，劇場入口排滿了日本各大出版社送來的祝賀花圈。

# 作家與貓物語

## 「貓塚」名列文化財

夏目漱石於三十八歲時發表的處女作《吾輩是貓》，是一本透過貓的眼光諷刺揶揄人類文明的小說。

書中那隻出生於微黑濕濡之處、沒有名字的貓，後來成為全日本最有名的貓。

這隻淡灰帶黃的「吾輩貓」，模特兒是夏目家的黑色虎斑貓。

夏目漱石次子夏目伸六（Natsume Sinroku）寫的隨筆〈貓墓〉，也提到過牠，是隻「（夏目夫人）抛出去又爬進來，爬進來又被抛出去」的無名癩皮貓。

坦白說，以現代愛貓族的眼光來看，幾次把貓抛出門外的夏目漱石不能稱之為愛貓族。但兩次搬家時，他都不忘將早已安於家人冷淡待遇的這隻虎斑貓一起帶到新居，因此勉強可以給他打上「六十分」的及格分數。

貓病死後，他還特地發出四周塗上墨水黑框的死亡通知明信片，告知親朋好友，並將屍體埋在書房後院的櫻花樹下。

虎斑貓逝世十三周年祭時，夏目夫人將昔日所養的貓、狗、文鳥屍體收集一處，蓋了一座九重石塔，以示紀念。

這些動物屍骨後來都被搬移至夏目漱石的墳地內，九重塔變成一座空墓。不過，東京都新宿區公所還是將此「貓塚」列為新宿區文化財之一，慎重其事地保存了下來。

## 貓去才知情已深

另一位橫跨明治、大正、昭和三個時代的文豪，也是夏目漱石的弟子——內田百閒（Uchida Hyakken），則是日本近代文士中最有名的貓癡。

這位曾在陸軍士官學校、海軍機關學校執教鞭的老教授，因緣際會收養了一隻小貓。由於是野貓，便取名為「NORA」（「野貓」的日文發音）。

老教授原本是愛鳥族，對貓沒什麼特殊感情，沒想到NORA於一歲半時失蹤了，自此以後，老教授才後知後覺地體會到NORA在自己心中的地位。

NORA失蹤後的第二天，六十五歲的老教授在日記中寫著：「整天淚流不止。雖然很掛念未完的工作，卻沉不下心去做。」

內田百閒不但無心工作，連飯也吃不下，著急的夫人只得拜託好友過來陪老教授吃飯。

為了NORA，老教授一連印過五次搜尋傳單，甚至託人翻譯成英文，好讓洋人也來協尋。

這期間，因為NORA失蹤前很喜歡在浴缸蓋上睡午覺，老教授為免睹景傷情，竟一個多月都不肯入浴。而且一年半以上都不忍叫外

夏目漱石親筆畫的黑貓，是《吾輩是貓》之後第三代

賣壽司，為的是壽司裡有NORA最喜歡吃的雞蛋卷！

內田百閒所著的《NORA呀》一書中，從第一篇〈他是貓〉到最後一篇〈NORA呀〉，都是哀悼前後兩隻愛貓的文章。

從執筆日期來看，最後一篇是老教授八十一歲過世前一年所寫的絕筆。也就是說，老教授在文章中呼喚失蹤的NORA，整整呼喚了十四年。

**來生願為大佛次郎貓**

然而，若以養貓數量來看，大概沒有人能贏得過「國民作家」大佛次郎（Osaragi Jiro-）。

據說，出入於大佛家的貓，前前後後總計有五百隻。

由於家中成為名符其實的「貓窩」，大佛次郎便向家人宣布：

「如果超過十五隻，這個家就讓給貓住，我要分居了。」

所謂「十五隻」，當然是指「家貓」，不包括定時來吃飯的「上班貓」與暫時寄居家中的「籬下貓」。

大佛次郎愛貓惜貓，貓咪受到的禮遇，連人族都不免羨慕與嘆。文壇友人甚且戲稱：「來生願為大佛次郎貓。」

大佛家因為貓多，趣事也不少。

某天，有個小偷闖進大佛家行竊，家中眾貓竟然喵都不喵一聲，大佛覺得很奇怪。

大佛次郎夫妻與貓

後來警察抓到了小偷，原來竟是平日經常出入大佛家的魚店員工。最後，雙方私下和解了事。因為大佛認為：「既然貓是幫凶，我也沒辦法了。」

**人與貓生死相隨**

日本文豪谷崎潤一郎（Tanizaki Junichiro-）似乎特別喜愛外國貓，家中經常有十幾隻波斯貓、暹羅貓。

這位擅長描寫女性美與女性魔力的大作家，溺愛貓的程度簡直走火入魔。

某隻暹羅貓特別喜歡吃河豚乾，他沒事就餵牠吃，最後卻導致那隻貓中毒死亡。

晚年時，谷崎向來鍾愛的波斯貓死了，他還特地請人製成標本以為紀念。這隻貓標本，如今還存放在兵庫縣谷崎潤一郎紀念館，與飼主生死相隨。

曾經風靡一時的女作家吉本芭娜娜（Yoshimoto Banana）的母親患有氣喘，小時候，家中嚴禁飼養小動物。

吉本芭娜娜升國中後，有隻野貓經常於夜晚在她房間外的陽台上喵喵叫，她總是忍不住開窗讓貓進來，摟著一起睡覺。久而久之，家人也只得默認，讓芭娜娜養貓了。

這隻每晚都會來與芭娜娜「偷情」的貓，最後死在芭娜娜房間外的陽台上。

芭娜娜悲痛欲絕，哭得死去活來，宛如痛失雙親。

不過，芭娜娜卻認為，自己對貓的感情，遠不及漫畫家姐姐與文學評論家爸爸。爸爸吉本隆明（Yoshimoto Takaaki）至少還寫了一本名為《為什麼與貓交際》的書，而她卻沒寫過任何與貓有關的書。

## 愛書人主持貓的婚事

日本直木賞作家出久根達郎（Dekune Tatsuro-）是舊書店老闆，也是出了名的愛貓族之一。

他曾寫過一篇短篇小說〈貓的婚事〉，描述一位愛貓老爺爺為貓女兒徵婚的故事。

話說這位愛貓老爺爺養了三隻母貓，但老爺爺年事已高，又過著獨居生活，很擔憂自己若有個什麼三長兩短，這些貓到底要託孤給誰？若是年幼小貓，或許還有人肯收養，無奈三隻貓都是「黃花老閨女」，其中一隻更是肥胖得猶如水桶，誰願意來提親呢？

愛貓老爺爺左思右想，終於想出一個好辦法，就是分別給貓女兒一件值錢嫁妝，好讓她們能風風光光地嫁出去。

嫁妝，正是老爺爺收藏的古籍。

老爺爺有不少能讓古書收藏家垂涎三尺的善本、孤本，若將這些古籍當作嫁妝，貓女兒應該嫁得出去才對。

既要徵婚，總得要有媒人從中牽線。

愛貓老爺爺便找上某位舊書店老闆當媒人。貓爺爺說：「喜歡書的人，就會愛護書；愛護書的人，就不會怠慢動物。」

貓咪、獨居老人、舊書店老闆、古籍，搭配得真是精彩！

倘若是日光燈亮晃晃的新書店，主角恐怕就得換成狗狗才比較貼切吧。

# 紫式部與清少納言
# 比較論

《枕草子》與《源氏物語》是日本平安時代（七九四~一一九二）中期的不朽名作；前者的作者是清少納言，後者的作者是紫式部。

雖然我們後人無法得知她們的長相如何，不過，兩人都是才女這事，倒是不爭的事實。而且兩人都是日本隨筆文學之祖。

## 惡妻紫式部

紫式部在二十七、八歲時嫁給年長二十來歲的藤原宣孝（Fujiwara no nobutaka）。當時的女性適婚年齡是十六歲左右，紫式部算是相當晚婚。宣孝另有四名妻子，兒子的年齡和紫式部差不多。

紫式部婚後生下一女，婚姻生活不及三年便成為寡婦。她的婚姻生活似乎不怎麼幸福。

日本平安時代的婚姻模式多種多樣，男方可以選擇「訪妻」模式，也可以乾脆住進女方家。若男方經濟條件允許，或女方無依無靠，更可以將女方迎進自己家門。

不過，貴族階級通常採取「訪妻」模式。

簡單說來，就是女子即便有了對象，也依然住在娘家。男子看中了女方，女子這方也不討厭男方的話，該男子便有資格於夜晚前往女方家過夜，但必須在天亮前離開。

這種婚姻模式極為不穩定，因為男子若對女子失去了興趣，只要不前往女方家，雙方的關係便算中斷。往後，你走你的陽關道，我過我的獨木橋，彼此各不相犯。

也因此，為了保障女子及其子女的經濟環境，這時代的房地產、家產之類的都由女兒繼承，孩子也由女方負責撫養，是典型的母系社會。肩負傳宗接代重任的是女方，而非男方。

話說回來，根據各種史料，紫式部對男人來說似乎是個「惡妻」。

愛掰理、難以取悅、頑固、孤僻。

**紫式部圖**／佐竹永海畫

據說，某天，藤原宣孝來到紫式部家，不但不進門，還丟下一張紙條，轉身就走。

紙條上寫著：「我現在要到另一個比妳溫柔的女子那兒。」

紫式部看後，惱羞成怒，順手在紙條上回道：「像你這種成天拈花惹草的男人，我看，恐怕沒有任何女人能夠與你水乳交融，真心溫柔對待你。」

寫完，馬上交代女侍送到藤原宣孝家。

這種好勝的個性，可能是導致她婚姻生活不幸的最大理由。

## 女權主義先驅者清少納言

清少納言的個性則和紫式部完全兩樣。十六歲時嫁給年長一歲的橘則光（Tachibana no Norimitsu），兩人之間有兩個兒子。

但她對一般男女或夫妻關係似乎不甚滿足，在《枕草子》中便表明：「對自己的將來不懷任何希望，只一味老老實實，夢想著虛幻幸福而度日的女人，令人感到鬱悶，甚至心生鄙視。」

這句話對現代某些仰賴丈夫撫養的家庭專業主婦來說，聽起來肯定會覺得極為刺耳。

其實她的意思是說，倘若女子有才，沒有必要終生廝守在一名男子身邊；即便無才，也可以當打雜的女傭甚至清掃廁所等卑微工作，以便學習人際關係或世間常識。之後，再悶在家裡也無所謂。

用現代人的眼光來看，清少納言應該是女權主義先驅者。也因為如此，她的婚姻生活只持續了十多年。

但清少納言即便和橘則光斷絕男女關係，仍和對方維繫著類似兄妹的親密關係。從這點看來，她的個性應該很爽快。

清少納言二十八歲時進宮侍候一條天皇皇后中宮定子（Chu-gu-Teishi）。中宮定子的後宮約有三、四十名女官。

## 紫式部與清少納言的「友情」

清少納言入宮不久，馬上發揮她的才華與機智，加上個性溫柔明朗，不多久，便成為宮廷「文藝沙龍」的紅牌要角。

《枕草子》中有一段〈香爐峰雪〉，內容大致如下：

話說某年冬天，外面大雪下得很深，眾女官比平日更早關上格子窗，躲在房內起炭火取暖，陪定子閒聊並構思文章故事。

定子隨口問：「清少納言啊，香爐峰的雪景怎樣了？」

清少納言一聽，立即吊起格子窗，並將簾子高高捲起，讓定子觀看外面的雪景。

其他女官見狀，紛紛歎道：「大家都知道這首詩，甚至都吟詠過，可就是想不到在此刻可以應用。侍候中宮的人，理應如此。」

這段描述，若光看表面意思，會誤解清少納言在誇示自己很機靈。但真正的意思是，中宮定子想看外面的雪景，故意用白居易的漢詩「香爐峰雪撥簾看」對清少納言進行考試。

當時，清少納言進宮才一年多，地位還不穩定，卻因此事而得到主人中宮定子的賞識，並獲得眾前輩女官的掌聲。她當然很高興，描寫時不免會增添幾分得意之色。

紫式部正是很討厭清少納言這種「愛出風頭」的行為。

紫式部在宮中服侍的是一條天皇另一位愛妾藤原彰子（Hujiwara no Syo-ko），亦即時任權中納言的藤原道長（Hujiwara no Michinaga）之長女。

定子和彰子是堂姊妹，彼此的父親都利用女兒在宮中爭權奪利。紫式部進宮時，清少納言已退出宮廷，按理說，兩人應該不認識，甚至從未見過面。

但紫式部卻在《紫式部日記》中對清少納言加以嚴苛筆誅，全面否定清少納言的人格以及其業績。

「清少納言是個自鳴得意、自命不凡的人。別看她好像特別聰明伶俐，隨手寫來就是漢字文章，仔細閱讀，還是可以找得出許多缺點。這種輕佻浮華的人，怎麼可能迎接幸福的晚年？」

想想，寫得出《源氏物語》這種大作的人，還必須「仔細閱讀」才能找得出清少納言寫的文章中的缺點，那一般人該如何點評呢？何況，《紫式部日記》是《源氏物語》完成後才動筆寫成。

可見，《枕草子》雖是一部興之所至、漫然寫出的隨筆，但筆致的成熟度和自創性已趨於至高程度，否則紫式部不會視一名早已退出宮廷，比自己年長七、八歲左右的女官為眼中釘。

難怪後人都認為紫式部是出於嫉妒，才如此嚴厲批評未曾見過面的清少納言。

雖然後人無從得知清少納言是否讀

清少納言／菊池容齋畫

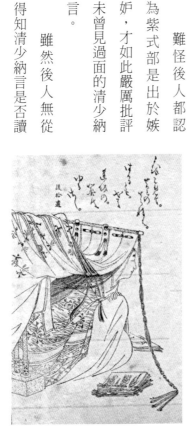

過紫式部的日記，但從《枕草子》的文章內容筆調看來，也可以想像得出，即便清少納言讀了紫式部的日記，她大概也會處之泰然，完全不放在心上吧。

紫式部的最大敗筆應該是留下了流傳千年以上的日記。更不巧的是，日記中竟記載著她對清少納言的酸溜溜筆誅證據，還記載著她對其他女官品頭論足、挑三揀四的挖苦內容。

與之比起，清少納言看似「我想寫的都寫出來了，我想講的也都講完了，各位，有緣再會啦」，之後便淡出銀幕，永不再現那般。

清少納言不但沒有對紫式部留下任何一句反駁，也沒有留下針對同事的批評，她在《枕草子》中貶得一錢不值的人，都是當時自命清高，自以為是的貴族男子。其中包括了紫式部的丈夫藤原宣孝。

可能正因為亡夫遭清少納言貶入地下，而且《枕草子》在當時紅得發紫，因此紫式部才會如此憎恨清少納言吧。

紫式部在人前不會誇耀自己的學識教養，反倒假裝連漢字的「一」字也不會寫。清少納言則心直口快，天真無邪地將自己懂的全部攤出，甚至有時明知會踩到地雷，也毫無所懼。

站在同性的立場來看，我會選擇清少納言當朋友，但也不會得罪紫式部。

試想，別人在背地說你的壞話，你經由第三者得知此事時，頂多憋悶一夜就了事。但萬一那些壞話會流傳千年以上，你敢得罪對方嗎？

# 惡女 阿部定

昭和十一年（一九三六）二月二十六日凌晨至二十九日下午，日本發生名為「二二六事件」的政變。

當時，日本陸軍內部有一派以三十歲以下的青年將校為主，支持「皇道派」的派系，在數名少壯軍官的率領下，發動了一場大規模的政變行動。這場政變以「昭和維新，尊皇討奸」為口號，不僅殺害了藏相、內大臣、侍從長等人，還占領了東京數處據點和軍事機關。他們認為只要殺害元老重臣，便能實現天皇親政、改革財界與政界的腐敗現象、打破農村貧困現狀等理想。

四天後，政變軍遭鎮壓，一部分軍官自殺，其他指揮者不是被判死刑便是課以重刑。政變失敗後，日本急速走向法西斯主義軍部獨裁政治，媒體及民間的言論自由遭限制，社會籠罩著一層陰鬱沉重的烏雲，世間人戰戰兢兢地靜待悄然臨近的軍靴響聲。

三個月後，民間社會發生了「阿部定事件」，讓媒體以及世間人宛如得到一杯清涼劑，大肆爭相報導並議論紛紛。

阿部定被捕時，國會正在審議法案，「阿部定被捕」號外一發，眾議員互相爭奪號外，「被捕了?」「好一個標緻的女子」，廳堂頓時你一言我一語地吵雜不已，導致國會中斷。連國會都如此了，遑論世間或媒體。

「阿部定事件」之後，模仿事件頻發，光是表面化的事件便有五十多起，如果包括未遂事件和當事人不願意公開的非凶殺事件，據說實際上可能有上百起。

只是，模仿事件的肇事者，都是基於對負心男人的憎恨感情或三角關係的嫉妒心理而行事，純粹以罪行表達愛

令國會中斷的號外

情深度的肇事者，只有阿部定一人。

「阿部定事件」並非一般性的桃色獵奇案件，因此日後才會不斷有人以此案件為背景，寫成記實小說或拍成電影搬上銀幕。

**阿部定的童年生活**

阿部定（Abe Sada）於一九〇五年五月生於東京神田區新銀町（千代田區神田多町），父親開一家榻榻米製作店。

在七個兄弟姐妹中，阿部定排行老么。但阿部家次子和三子在阿部定十歲時過世，長女於生後不久也早夭，阿部定上頭只剩年齡差距二十歲的長兄，以及兩個年齡分別差距十七歲、六歲的姊姊。

阿部家父親是個老實的榻榻米職人，手下有六名雇員，繁忙期時，家中的雇員多達十人或二十人，是富裕家庭。阿部定從小便學習三味線、日本舞等，她母親總是把她打扮得漂漂亮亮。

案發後，刊登在報紙的阿部定通緝照片，許多人傾倒於她的美貌。

根據阿部定的《預審供詞紀錄》，由於她時常聽家裡員工交談的閒話，十歲時便懂得男女之間的事。

阿部定的長兄有點愛酒色。阿部定十五歲時，她哥哥趕走正經規矩的嫂子，迎進本來在外面金屋藏嬌的酒吧女小老婆。湊巧這時，大姊招家裡員工之一入贅為婿，哥哥深恐家產會被入贅女婿奪走，時常有事沒事找大姊和大姊夫的碴。母親因為袒護大姊，家裡每天爭吵不休。

每逢家裡起糾紛，母親便塞零用錢給阿部定，叫女兒到外面玩。阿部定每天都到一個名叫福田的朋友家玩，在朋友家認識了朋友哥哥的同學。對方是慶應大學的學生。

某天，阿部定和那名慶應大學生在福田家二樓戲鬧時，竟然被對方奪去處女身。當時，阿部定只是覺得很痛，連續兩天出血不止。這時她才驚覺自己已經不是處女身，慌忙向母親稟告此事。

之後，她和那名慶應大學生見面時，向對方說：「我已經告訴我母親了，你也要向你父母報告」。

豈知，那名大學生自此以後不再露面。阿部定的母親去找對方談判時，對方也避而不見，母女倆吃了個啞巴虧，只能作罷。

算起來，阿部定是虛歲十五被奪走處女身。當時，她還未迎接初潮。

阿部定說，她當時根本無意和該名學生結為夫妻，但對方實在缺乏誠意，想到自己只是被當做調戲對象，她非常不甘心。又想到已經失貞，將來大概結不了婚。雖然母親對她說，只要隱瞞此事，照樣嫁得出去。但阿部定既不想隱瞞，也不願意在婚前坦白說出這件事，遂對結婚不再懷有任何期待。

虛歲十五，滿歲十四，相當於今日國中二年級。「不是處女便嫁不出去」的看法，即便是當時的女性貞操觀念，阿部定也未免過於純真又潔癖了。

不過，想想我自己國中二年級時，雖然已經迎接初潮，但對男女關係也是毫無知識，甚至和阿部定一樣，認為「必須和第一個男人結婚」。這種源自男人占有慾心理以及將女人商品化的「處女膜崇拜情結」，有時真的會害死一個女人。

此外，連續出血兩天後，阿部定才察覺自己原來已經失貞。那麼，她前面說的「十歲左右便懂得男女之間的事」這句話，很可能只是耳聞來的知識，其實仍懵懵懂懂。

## 家境富裕卻因父親而成為藝伎

之後，阿部定開始和左鄰右舍的不良少年來往，進而擴展地盤在淺草區闖蕩。因為她時常偷家裡的錢在外面揮霍，所以身後跟了約十名不良少年和兩名不良少女。

但是，這時期的阿部定，也僅和兩名在鎌倉認識的二十歲青年，發生過一次愛撫關係而已。比起某些現代少女，阿部定的行為只是小兒科。

家裡的糾紛始終不得解決，阿部定十七歲那年春季，由於長兄夫婦帶走家裡的錢，她父親終於決定關掉店門，在埼玉縣坂戶町蓋了一棟新房，帶著老婆和么女搬離東京。

阿部定遷到坂戶後，依舊在家待不住，和鄰居一名男子來往，但這回也只和對方發生過一次愛撫關係而已。無奈，那個時代，男生和女生並肩走在一起便會惹來警察的注目，阿部定不但有時邀對方一起散步，有時還單獨一人到西餐廳用餐，這些行動在當時都算是「賣國賊行為」，因而名聲很壞。

她父親大怒，對她說：「既然妳那麼喜歡男人，乾脆去當藝伎算了。」

阿部定的父親真的說到做到，在女兒十八歲時，通過仲介業，將女兒送到橫濱市一家藝伎住宿所。貸款是三百圓。

阿部定在《預審供詞紀錄》中描述：「當時我家在東京有五、六棟租房，家裡不缺錢，貸款有一部分給了稻葉（Inaba，帶阿部定到仲介業店的人），其他都花在我的裝束和首飾上，剩下的全給我當零用錢。」

阿部定說，她當時很恨父親，日後才從母親口中得知，她父親根本無意讓女兒去當藝伎，只是想讓女兒體驗一下「陪男人玩」到底是什麼滋味，待阿部定後悔向娘家求饒時，再讓母親和姊姊去接么女回來。

至於那個名叫稻葉的男人，是阿部定長兄前妻的姊夫。

阿部定當了藝伎後，稻葉明明有家室，卻纏著阿部定，有一段時期，全家人都靠阿部定的收入生活。對稻葉家來說，阿部定是一棵搖錢樹；對阿部定來說，稻葉才是她真正的第一個男人。

自此，阿部定從一名不良少女成為藝伎，開始過著她的流轉人生。

藝伎本來只賣藝不賣身，但阿部定在長野發現那邊的藝伎都是賣身的地下娼妓，因此，她認為，既然如此，乾脆辭掉藝伎去當娼妓算了。二十二歲那年正月，阿部定離開長野，前往大阪，在大阪花街的一流妓館當起娼妓。至此她才好不容易擻開稻葉一家人的糾纏。

之後，她逐漸對娼妓這種職業生厭。豈知，她愈是想掙脫，便愈陷得更深。直到二十六歲那年，阿部定才好不容易自妓館偷跑成功，逃到神戶，脫離了娼妓生活。二十八歲那年，她又移到大阪。

這期間，她換了不少職業，藝伎、高級地下娼妓、咖啡廳女侍、人妾等，賣的都是女人的「性」。

我想，她在少女時代經歷的那次非自願初體驗，在她的心靈烙下極大創傷。案發後，那名慶應大學生應該還活著，也應該明白這起舉國喧嘩的案件主角，正是當年自己憑一時性衝動，畜生般地奪走對方處女身的那個女孩。

我很想知道這名慶應大學生於他的後半生中，能不能夜夜安枕無憂地入睡？會不會每天都在睡夢中驚醒，再伸手探看自己的下半身，暗自慶幸被割掉的不是自己的小弟弟呢？可惜完全沒有他的資料。

這種畜生，沒有資料也罷。

**與貴人的相遇**

阿部定在大阪時，輪流當過三人的人妾。由於她在供詞中沒有說出名字（亦即對阿部定來說，是不值一提的男人），我們無從得知到底是誰讓她第一次享受到女人的快感。二十九歲那年，阿部定的母親過世。阿部定決定離開大阪，回到東京，起初當高級娼妓，後來當人妾。

三十歲正月，這回是阿部定的父親生

**阿部定最後一次工作的妓館大正樓**（松岡明芳攝影）

病，她回娘家看顧父親。她父親淚流滿面地對她說：「做夢也沒想到可以接受妳的看護，我死也無怨了。」

看來，阿部定的父親也很後悔當初把女兒推進花街吧。父親過世後，阿部定又回到東京當起人妾。之後，她又移到名古屋某料理店當女侍。

昭和十年四月末某天夜晚，時年四十九歲，任職名門商業學校校長，亦是市議會議員的大宮五郎（Oomiya Goro-），帶著其他料理店的女侍到阿部定工作的料理店用餐，說是宴會歸途。

阿部定看這位校長衣冠整潔，對女侍很有禮貌，舉止也很端正，覺得他是位紳士。（以下內容摘錄自《阿部定手記》）

四天後，校長單獨一人前來。

阿部定邊服侍校長喝酒，邊和校長閒聊。沒多久，大宮校長就開始阿部定交往，這時候的大宮校長大概萬萬想不到，一年後，阿部定犯下的案件，正是他牽的緣。

兩個月後，阿部定騙校長說，東京的孩子病逝，她必須回東京。其實阿部定只是對名古屋生厭，想回東京而已。這時，大宮校長給了阿部定五十圓旅費。阿部定回到東京後，又開始做起高級娼妓的行業。她寫信給大宮校長告知聯絡方式。

大宮校長上京後，阿部定帶他去淺草玩，又在品川的旅館休息。大宮校長如常給了阿部定三十圓。

七月中旬左右，大宮校長突然上京，兩人決定到熱海過夜。在熱海，大宮校長苦口婆心地勸她邪歸正，雖然校長未向阿部定說出自己真正的身分。

大宮校長整個晚上都在對阿部定講經說法。也就是說，他雖然和阿部定在熱海過夜，卻沒有動阿部定一根毫毛，第二天還給阿部定三十圓。

這也難怪，他是校長，又是市議會議員，而且阿部定是他第一個「外面的女人」。他確實衷心想讓阿部定回到正經女人的軌道，為此，他不惜花費金錢。

阿部定這時動了心。

回到東京後，阿部定真的不再當高級娼妓，甚至為了想戒煙，特地到附近的寺院做一百度參拜。

半個月後，阿部定很想見大宮校長，可是她不曉得大宮校長的真名和職業。但她知道大宮校長別在西裝胸前的「丸八」徽章是名古屋市會議員或市政府人員的標誌。

八月中旬，阿部定抵達名古屋，湊巧在車站前的小旅館得知大宮校長的真正身分。她進旅館訂房，隨手拿起報紙，報紙上剛好刊出大宮校長的照片，一旁寫著「大宮市議渡美」。

阿部定打電話邀大宮校長出來。大宮校長見了阿部定後，垂頭喪氣地問：「妳怎麼知道我的名字？」

「看了報紙。」

大宮校長點頭說：「我是校長，萬一世間知道我和妳的關係，我會活不下去。我得用手槍（自殺之意）。要我死，要我活，都在妳。將來我打算當議員（眾議院），到那時候為止，妳給我老實一點。等我當上議員，妳便可以光明正大地來找我。」

阿部定趕忙說，只有她知道校長的身分，其他人都不知道。

大宮校長繼續說：「我今天很忙，妳回東京去吧。我只要想到妳在名古屋，我連路都走不直了。」

這天，大宮校長給阿部定五十圓，讓阿部定回東京。

大宮校長出國之前，還在東京和阿部定見了面。雖然只有一個鐘頭，但那時也給了阿部定一百圓。昭和十一年的一百圓，在當時是鉅款。

雖是鉅款，大宮校長仍二話不說地給了阿部定。看來大宮校長雖然表面彬彬有禮，愛講經愛說法，但內心極為疼愛阿部定。

## 改變一生的相遇

在草津過年的阿部定於昭和十一年正月十日回到東京。

同一個月，她和大宮校長約在京都見面。校長對她說：「妳最好先準備，將來做點小生意。今年年底，我會給妳一千圓，讓妳開一家類似關東煮那種小料理店。妳去找家料理店做事，跟人家學做料理。」

阿部定果然沒有看錯人。

大宮校長確實是位紳士，而且有錢，出手大方，更不時為阿部定的將來著想。能擁有一家料理店，恐怕比中樂透還幸運。因此，阿部定到新宿一家職業介紹所，拜託對方幫她找個錢賺得少無所謂，只要是「正經」工作就好的職業。

俗話說，事實比小說還離奇。讀到此，各位是不是會替阿部定扼腕呢？

她好不容易才撞見一座好靠山，正要拐彎走向光明路途時，偏偏不巧竟遇上了命中注定的「煞星」。

職業介紹所幫阿部定找到一家位於中野區的料理店「吉田屋」，讓阿部定去當住宿女侍，學習烹調和料理店經營法。

「吉田屋」是中野區數一數二的高級料亭。

老闆名叫石田吉藏（Ishida Kichizo-），時年四十二歲。阿部定三十一歲。

吉藏長得很俊美，舉止文雅，待人溫柔親切。十二、三歲起在鰻魚店當弟子伙計，一步一步爬至當時的地位，算是成功男人之一。

阿部定是二月一日正式住進「吉田屋」，她立即對老闆一見鍾情，但不表現出來。一是三十一歲的成熟女子，一是四十二歲的精力充沛壯男，自然是乾柴烈火，一拍即合。

石田老闆和妻子本來就感情不合。

阿部定原未打算和吉藏私奔。她心裡仍惦念著大宮校長，而且已經和老闆娘說好，將在五月底辭職。她和校長約好要到鹽原溫泉渡假，早已買了香皂和化妝品，滿心期待鹽原溫泉之約。

再說，「吉田屋」於二十五日有個八十人左右的宴會預約，阿部定於二十六日也有另一項工作等著。

然而，吉藏出門時，竟向家裡人說是商務旅行，並偷偷帶出保險箱裡的三百圓。如此看來，石田吉藏在這天早上似乎已經不打算回家了。

也是這天，石田吉藏和阿部定第一次有充裕時間享受床事。

石田吉藏，可能是三十多歲時拍的照片。

這時，阿部定還未決定和石田吉藏私奔。但石田吉藏確實是「獵豔高手」「床技高手」，他深知女人心，知道該怎麼做才能讓女人心服口服。難怪阿部定於事後在《預審口供紀錄》中仍會感慨不已。

四月二十九日，石田吉藏帶出來的錢用光了。

阿部定向吉藏說出門籌錢，阿部定離開旅館時，特地交代老闆娘，不能讓石田回去。

根據《預審口供紀錄》，這時的阿部定雖然迷上石田吉藏，但她無意和大宮校長斷絕關係。她依舊非常敬仰校長。與吉藏在外的同時，仍與大宮校長約定見面。五月五日，阿部定晚到四個小時和大宮校長見面，要了一百二十圓。兩人在銀座用餐後，約好十五日在東京車站見面。據說，阿部定在這天和大宮校長連手都沒牽一次便分手了。

夜晚十點左右，阿部定回旅館，和吉藏通宵進行床事。途中，阿部定曾打電話給稻葉，得知「吉田屋」那邊已經鬧得天翻地覆。但兩人說，既然事情鬧到這種地步，乾脆玩到底。

## 荒唐的婚外情

石田吉藏於五月七日上午為了籌錢才回自己家。而且還是阿部定給了他十圓，逼他回家。這對男女從四月二十三日直至五月七日，整整十四天，完全不考慮後果也不規畫未來，只是純粹地沉浸在感官世界中，如飢似渴地享受男歡女愛。

這已經超越了一般所謂的「一夜情」或「婚外戀」的基準，但似乎也不能歸類為「好色男女的行為」。

試想，一是「身經百戰」的藝伎娼妓，一是「獵豔高手」的風流浪子，這種男女怎麼可能會在短期間內一頭栽進情慾世界中而不能自拔呢？

答案可能只有一個。

那就是，他們陷於一種我們凡夫俗子即便轉世投胎幾次也都無法抵達的境界。因此，從事藝術的大島渚（Ooshima Nagisa）導演才會嘗試去拍這對男女的故事。只是，我個人認為，大島渚導演似乎也沒有把他們的故事拍成功。

大島渚導演拍的對象是「男方」，也就是石田吉藏。

但是，仔細閱讀阿部定的口供紀錄以及手記，我總覺得，大島渚導演心目中的「石田吉藏」是「很有男人味」的男人，甚至接近「豪邁」的男人。電影《感官世界》則是一部男人拍給男人看的片子。

「很有男人味的男人」在床上時，他們腦筋裡想的都是「該怎樣才能征服眼前這女人」「該如何做才能讓眼前這女人銷魂飛天」等技巧問題，不會和對方一起沉沒於感官世界，也不會和對方一起「載沉載浮」，更不會「猥褻到極點」（阿部定的形容）。

這和男人不會輕易在女人面前喝醉酒的道理一樣。

話說回來，阿部定送吉藏回家後，暫時寄宿在稻葉家。

那幾天，她都魂不守舍，坐也不是，站也不是，腦子裡盡浮出吉藏的影子。一下子掛念吉藏會和妻子吵架，一下子又擔憂吉藏和妻子言歸於好。阿部定朝夕思念著吉藏，思念到「一生中最難熬」的程度。

於是她在五月十日到淺草看戲劇時，湊巧戲劇中出現揮舞牛刀的劇情，她馬上想到「下次見面時可以用牛刀和吉藏玩玩看」。

## 瘋狂的結局

當天夜晚十一點左右，阿部定回到稻葉家，打電話給「玉壽司」。吉藏果然留了口信，要阿部定留下電話號碼。阿部定聽了後，欣喜若狂，馬上離開稻葉家，當晚住在新宿的旅館。

五月十一日，由於身上的錢不多，阿部定在上野某家估衣鋪賣掉冬天穿的夾衣和外褂，觀看了一場電影，再打電話給「玉壽司」，告知新宿的旅館電話號碼。接著買了一把牛刀，帶回旅館。

夜晚七點半左右，吉藏打電話過來，向阿部定說：「妳暫時等到十四日好不好？」阿部定此時喝醉了，嘟囔著硬是不答應，結果兩人約好在中野車站見面。

吉藏換了一身瀟灑和服，颯爽地出現時，阿部定取出牛刀，模仿前一天在淺草看戲時，戲劇中出現的場面，嚇唬吉藏說：「你幹嘛穿和服？是不是回家後取悅了老闆娘？」吉藏看得笑呵呵。

這時的吉藏，身上只有二十圓。原來他沒有湊到錢，所以才要阿部定「等到十四日」。

兩人在車站前的關東煮小店喝酒。阿部定高興得喝醉了，不時摟著吉藏親嘴，再要求吉藏帶她去旅館休息。兩人搭計程車前往尾久一家旅館。

正是自這晚起，阿部定開始對吉藏「施虐」。

同樣身為女人，我能理解阿部定此時的心理。

畢竟沒有人知道吉藏回家後的三天中，到底有沒有和妻子同床。換做是我，我大概也會臉上掛著笑容，內心燃著嫉妒之火地逼問對方：

「你是不是和妻子做了好事？」

何況，之前的三星期中，阿部定買了一條兜襠布給吉藏換穿。三天後，吉藏卻換了另一條兜襠布前來。這點非常重要，請各位男性看官小心一點，千萬不要隨便換內褲。兩人鬧到深夜，阿部定再度取出牛刀，故意擺出架勢。

五月十八日上午八點左右，阿部定向旅館女侍說：「我出門買水果去。中午之前，不要叫醒我男人。」

下午兩點五十五分，旅館女侍覺得二樓房間靜悄悄的，女房客出門後也始終沒有回來，有點異樣，上樓探看。

不料，打開房門一看，闖進視界的是沾滿了大量血跡的被褥。女侍立即打電話向尾久警察局通報。警察趕到現場時，據說眾人也都倒抽了一口氣。

刑警掀開覆在屍體臉上的毛巾，再掀開沾滿血跡的蓋被後，眼前赫然出現一具仰躺著的全裸絞死屍體，陰囊和陰莖自根部被切斷，四周沒有留下任何一絲肉片。不僅如此，左大腿留下「定吉二人」的血跡，左上臂亦有用刀尖刻成的「定」一字，被單靠中央部位也留下約五、六公分大小，用鮮血寫成的楷體「僅有定吉二人」六字，房內找不著男子的內衣和兜襠布」。（《警視廳史》昭和前篇）

阿部定在案發這天，還和大宮校長見了面。她打電話到神田的旅館，約校長出來，兩人一起到大塚一家旅館休息。阿部定為了不讓大宮校長看到自己纏在腰上的石田的內衣和兜襠布，脫衣服時，費了一番苦心。而且，當兩人準備進被褥時，阿部定偷偷把裹在紙張內的「石田之物」藏在枕頭下。

案發後，各家報社同時印了號外在街頭分發。《東京日日新聞》還加印了描述得比較詳細的第二張號外。

阿部定本來預計離開東京，抵達大阪後再自殺，遺書也都寫好了，卻於案發後第三天的五月二十日傍晚，在品川車站附近的旅館被捕。大致算算，阿部定和石田吉藏這段「戀情」為期甚短，僅有三星期。

石田吉藏到底是什麼樣的男人呢？他為何能讓阿部定做出這種一般女人絕對辦不到的事呢？

法官問了一個對女人來說算是很刁難的問題。

「妳認為吉藏也很喜歡妳嗎？」

阿部定回答，吉藏也很喜歡她。不過，若放在天平衡量，阿部定占六分，吉藏占四分。

這回答非常冷靜也極為透徹。一般女人大概答不出來。而且這答案完全沒有虛飾也沒有逞強的味道，更沒有想引起別人同情的算計。

彷彿阿部定本人在被捕之後，關在牢房內期間，一直在「研究」自己的心理，也一直在「探尋」案件的「真相」。

在三星期的逃亡期間中，吉藏始終在勸說阿部定。

「妳是妳，家庭是家庭。何況我的家庭還有兩個孩子，我這個年紀，想要和妳私奔也嫌太晚了。我會設法給妳一棟房子，再讓妳開一家旅館，我們就能長久在一起。」

吉藏說的很有道理。這項提議應該是最佳選擇。

可是，阿部定不願意。她認為這種選擇「不冷不熱」。

我想起啟示錄裡的一節：「我知道你的行為，你也不冷也不熱；我巴不得你或冷或熱。你既如溫水，也不冷也不熱，所以我必從我口中把你吐出去。」

熱溫泉有療效作用，冷泉水使人精神抖擻，唯有溫溫的泉水，令人倒盡胃口。

被捕後的阿部定。在人山人海的圍觀者和攝影記者前，阿部定起初沒有笑，是身邊的刑警握住她的手要她笑，才拍下著名的這張「阿部定的微笑」。

沒錯。

這種「不冷不熱」的選擇只會讓「愛欲之情」或「愛情」逐漸變質，逐漸冷卻，逐漸溶化，逐漸流向無邊無際的大海，最終消逝於世界的彼方。

阿部定為了追求「不變的愛」，追求「完整的愛」，追求「絕對的愛」，她只能殺死吉藏。

或許，阿部定在向吉藏反駁：「我倒願意你或冷或熱！」

☆　☆　☆

我在前面說過，「愈深入這樁案件，愈會被迷住」。

理由是，明明在調查阿部定的案件，不知為何，調查者會逐漸感覺，怎麼反倒變成宛如在探索自己心靈深處的過程呢？

這不是單純的「獵奇凶殺案」。
而是，一道犀利且深入你我內在靈魂的劍刃。

一九六九年八月，阿部定最後一次的「公式照片」，一旁是當時極為崇拜阿部定的前衛舞蹈家土方巽，攝影場所是阿部定六十二歲時第一次擁有的小店「若竹」，位於東京台東區。
／藤森秀郎攝影

# 附錄

## 日本與西元年代對照表

| 日本 | 西元 |
| --- | --- |
| 舊石器時代 | 西元前一萬四千年到西元前三百年 |
| 繩文時代 | 西元前五百年中葉到西元三百年左右 |
| 彌生時代 | 西元三百年到五九二年 |
| 古墳時代 | 西元五九二年到七一〇年 |
| 飛鳥時代 | 西元七一〇年到七九四年 |
| 奈良時代 | 西元七九四年到一一九二年 |
| 平安時代 | 西元一一八五到一三三三年 |
| 鎌倉時代 | 西元一三三六年到一五七三年 |
| 室町時代 | 西元一五七三年到一六〇三年 |
| 安土桃山時代 | 西元一六〇三年到一八六七年 |
| 江戶時代 | 西元一八六一年到一九一二年 |
| 明治時代 | 西元一九一二年到一九二六年 |
| 大正時代 | 西元一九二六年到一九八九年 |
| 昭和時代 | 西元一九八年至今 |
| 平成時代 | |

## 鎌倉幕府將軍表

| 代 | 姓名 | 生卒年 | 在職期間 |
|---|---|---|---|
| 初代 | 源賴朝 | 1147-1199 | 1192-1199 |
| 2代 | 源賴家 | 1182-1204 | 1202-1203 |
| 3代 | 源實朝 | 1192-1219 | 1203-1219 |
| 4代 | 藤原賴經 | 1218-1256 | 1226-1244 |
| 5代 | 藤原賴嗣 | 1239-1256 | 1244-1252 |
| 6代 | 宗尊親王 | 1242-1274 | 1252-1266 |
| 7代 | 惟康親王 | 1264-1326 | 1266-1289 |
| 8代 | 久明親王 | 1276-1328 | 1289-1308 |
| 9代 | 守邦親王 | 1301-1333 | 1308-1333 |

## 室町幕府將軍表

| 代 | 姓名 | 生卒年 | 在職期間 |
|---|---|---|---|
| 初代 | 足利尊氏 | 1305-1358 | 1338-1358 |
| 2代 | 足利義詮 | 1330-1367 | 1358-1367 |
| 3代 | 足利義滿 | 1358-1408 | 1368-1394 |
| 4代 | 足利義持 | 1386-1428 | 1394-1423 |
| 5代 | 足利義量 | 1407-1425 | 1423-1425 |
| 6代 | 足利義教 | 1394-1441 | 1429-1441 |
| 7代 | 足利義勝 | 1434-1443 | 1442-1443 |
| 8代 | 足利義政 | 1436-1490 | 1449-1473 |
| 9代 | 足利義尚 | 1465-1489 | 1473-1489 |
| 10代 | 足利義材 | 1466-1523 | 1490-1493 |
| 11代 | 足利義澄 | 1480-1511 | 1494-1508 |
| 10代（再次） | 足利義稙（改名） | | 1508-1521 |
| 12代 | 足利義晴 | 1511-1550 | 1521-1546 |
| 13代 | 足利義輝 | 1536-1656 | 1546-1565 |
| 14代 | 足利義榮 | 1538-1568 | 1568 |
| 15代 | 足利義昭 | 1537-1597 | 1568-1573 |

# 江戶幕府將軍表

| 代 | 姓名 | 生卒年 | 在職期間 |
|---|---|---|---|
| 初代 | 德川家康 | 1543-1616 | 1603-1605 |
| 2代 | 德川秀忠 | 1579-1632 | 1605-1623 |
| 3代 | 德川家光 | 1604-1651 | 1623-1651 |
| 4代 | 德川家綱 | 1641-1680 | 1651-1680 |
| 5代 | 德川綱吉 | 1646-1709 | 1680-1709 |
| 6代 | 德川家宣 | 1662-1712 | 1709-1712 |
| 7代 | 德川家繼 | 1709-1716 | 1713-1716 |
| 8代 | 德川吉宗 | 1684-1751 | 1716-1745 |
| 9代 | 德川家重 | 1712-1761 | 1745-1760 |
| 10代 | 德川家治 | 1737-1786 | 1760-1786 |
| 11代 | 德川家齊 | 1773-1841 | 1787-1837 |
| 12代 | 德川家慶 | 1793-1853 | 1837-1853 |
| 13代 | 德川家定 | 1824-1858 | 1853-1858 |
| 14代 | 德川家茂 | 1846-1866 | 1858-1866 |
| 15代 | 德川慶喜 | 1837-1913 | 1866-1867 |

# 日本國定假日表

| 日期 | 節日 | 說明 |
|---|---|---|
| 1月1日 | 元旦 | |
| 1月第二個星期一 | 成人の日 | 滿20歲的男女，<br>可以參加為他們所舉辦的成人禮 |
| 2月11日 | 建国記念の日 | 原為日本神話中神武天皇登基之日，後改為建國紀念日，培養人民的愛國心 |
| 春分日 | 春分の日 | |
| 4月29日 | 昭和の日 | 昭和天皇生日 |
| 5月3日 | 憲法記念日 | 日本憲法實行日 |
| 5月4日 | みどりの日 | 綠之日，感謝大自然的假日 |
| 5月5日 | こどもの日 | 兒童節，家裡有小孩的會掛上鯉魚旗 |
| 7月第三個星期一 | 海の日 | 感謝海洋恩賜的假日 |
| 9月第三個星期一 | 敬老の日 | 敬老節 |
| 秋分日 | 秋分の日 | 也是祭祖的日子 |
| 10月第二個星期一 | 體育の日 | 體育節 |
| 11月3日 | 文化の日 | 這天各地會舉行文化活動，<br>許多博物館文化設施大多免費 |
| 11月23日 | 勤労感謝日 | 感謝辛苦工作的人們 |
| 12月23日 | 天皇誕生日 | 今上天皇明仁的生日 |

Miya

# 茂呂美耶的歷史手帳

## 十八個你一定要認識的日本人物（新版）

作者——茂呂美耶
責任編輯——林怡君（初版） 陳佩吟（二版）

版權——吳玲緯　楊　靜
行銷——闕志勳　吳宇軒　余一霞
業務——李再星　李振東　陳美燕
副總編輯——林秀梅
編輯總監——劉麗真
發行人——凃玉雲

出版——麥田出版
城邦文化事業股份有限公司　104中山區民生東路二段141號5樓
電話：(886) 2-2500-7696　傳真：(886) 2-2500-1967

發行——英屬蓋曼群島商家庭傳媒股份有限公司城邦分公司
104台北市中山區民生東路二段141號11樓
書虫客服服務專線：(886) 2-2500-7718、(886) 2-2500-7719
24小時傳真專線：(886) 2-25001990、(886) 2-25001991
服務時間：週一至週五 09：30—12：00．13：30—17：00
劃撥帳號：19863813　戶名：書虫股份有限公司
讀者服務信箱 E-mail：service@readingclub.com.tw
麥田部落格：http://ryefield.pixnet.net/blog
麥田出版 Facebook：https://www.facebook.com/RyeField.Cite/

香港發行所——城邦（香港）出版集團有限公司
香港灣仔駱克道193號東超商業中心1樓
電話：(852) 2508-6231　傳真：(852) 2578-9337

馬新發行所——城邦（馬新）出版集團 Cite (M) Sdn Bhd
41, Jalan Radin Anum, Bandar Baru Sri Petaling,
57000 Kuala Lumpur, Malaysia.
電話：(603) 9056-3833　傳真：(603) 9056-6622
E-mail：services@cite.my

美術設計——江孟達工作室
印刷——沐春行銷創意有限公司

初版一刷 2013年10月1日　二版一刷 2023年10月26日
定價——480元
ISBN——978-626-310-539-3　9786263105386 (EPUB)

版權所有．翻印必究（Printed in Taiwan）
本書如有缺頁、破損、裝訂錯誤，請寄回更換

國家圖書館出版品預行編目資料

茂呂美耶的歷史手帳——
十八個你一定要認識的日本人物 /
／茂呂美耶 著.　.-- 二版. -- 臺北市：
麥田, 城邦文化出版
家庭傳媒城邦分公司發行, 民112.10
面；公分. -- (miya ; 6)
ISBN 978-626-310-539-3（平裝）
1. 傳記　2. 日本
783.11　102018688

城邦讀書花園
www.cite.com.tw
書店網址：www.cite.com.tw